POUR SAUVER LA PLANÈTE,

資本主義からの脱却

SORTEZ DU CAPITALISME

エルヴェ・ケンプ 著

神尾賢二 訳

緑風出版

目次

資本主義からの脱却

序文　9

第一章　資本主義は何を残したか――その消滅の前に――　19

生産性の奇跡・20
投機家の天下・25
新資本主義の根幹にある腐敗堕落・31
不平等の勝利・39
経済主義世界・42
アントロポセン（人類中心紀）へようこそ・46

第二章　マーケット・ノイローゼ症候群　53

個人、裸の王様・54

政治より心理学・60
公共空間の私物化・64
社会的絆の喪失・67
家族、引き裂きます・72
生きるとは、消費すること――そして裏切られること・75
すべては買われ、すべては売られる・80
パンとゲームとセックス・86
反資本主義の市場・91
資本主義は社会の抹殺を望んでいる・94
無言の交換・100

第三章　緑の経済成長の幻想

「未来のエネルギー」、汚染された発想・110
気候変動を抑える原子力の欺瞞・114
うそぶく風・118

自動車のための森・124
埋もれた夢・129
汚れた黄金の国・133
資本主義についての三つの教訓・138
経済的パラメーターとしての人類のサバイバル・140
社会は何十億も儲けることができる・145
フェティシズムの終焉・147

閑話休題

ろうそく、石器、金貨がざくざく・151

第四章　協同と独裁

資本主義、腐った花・163
オルターナティヴはもうそこにある・165
資本主義からの脱出、市場主義経済の否定・172

金持に課税するのは当然である・177
スローの勇気・180
美しい庭、地球・185
永続的平和に向かって・188

原注 190
訳者あとがき 220

序文

私の父は一九二〇年に生まれた。受難の世代である。父の少年時代は、一九一四年から一九一八年の間に起きた虐殺と、ヨーロッパ全土を覆った辛苦と、ほとんど何の意味も無ければ価値も無いヒロイズムに傷つけられ、血まみれにされた。一九二九年の大恐慌で経済はぼろぼろに壊滅し、若者たちが夢に描いていた豊かで明るい未来は目の前から忽然と消えた。そしてふたたび、戦《いくさ》の太鼓が鳴り響く。また殺し合いだ。大砲が非人間性に凍りついた敵の眼前まで若者たちを吹き飛ばし、恐怖と悲惨と戦闘と抑圧による悲しみのどん底に叩き込んだ。

この世代の若者たちは青春を台無しにされた。この事実を忘れてしまったとすれば、二十一世紀初頭の今、解決すべき問題とは何であるのか、そしてまた、フランスでリベラシオン（Libération＝第二次大戦中の被占領国の解放）と呼ばれている言葉が、西欧、ロシア、日本だけでなく全世界にもたらした熱い思いの意味が何なのかも理解することはできないだろう。

とにもかくにも、忌わしい戦争の厄払いは終わった。もう安心だ。さあみんな、仲良く元気に働こうじゃないか。地平線の彼方にも、不吉な暗雲は垂れ込めてはいない。一点の曇りもない青空。これぞまさに「栄光の三十年間」（訳注）、と熱狂的で思い入れたっぷりな経済学者（原注1）が名づけた、歴史始まって以来の、物が豊かになったことが最も目立った三十年間だった。

　私は一九五七年に生まれた。豊饒の世代である。厳しい時もあった。だが何とかなった。都会のど真ん中にも田舎の魅力を湛えた人たちが沢山いて、けっこう楽しかったけれど、そこに電気冷蔵庫、電気洗濯機、のろのろ自動車、テレビ――カラーが欲しかった！――など、実に様々な機械類が続々登場した。それと同時に、次々とニューサウンドが生まれ、政治の季節が到来し、みんな熱中し、のめり込み、世界を変革できそうな気になり、避妊ピルで禁断の扉がこじ開けられそうな勢いだった。ソ連の脅威や全面核戦争の恐怖でさえ、全体を浸していたぬるま湯感覚に辛子を効かせていただけだ。

　この世代は、少年時代というものがいつまでも続くもので、歴史の一瞬にすぎないものを永遠なものと思い込んで成長した。かくして、歓喜の輝きが色褪せ、野心が白茶け、初々しい無邪気さが陰険なエゴイズムに変貌していくことにも気づかぬまま、生産し、労働し、消費した。私たちは、自らの人間的実存が崩壊していることも知らずに、考えられないほど膨大なモノの山を懸命に積み上げたのである。

私の最初の子は一九八四年に生まれた。不確実性の世代だ。大事にされ、過保護で、気ままに育った。世界はコンピューターで様変わりし、古臭い政治的、宗教的、組合的な忠誠心は物置にしまい込まれ、コマーシャルが新しいアートに出世し、レーガンがアメリカを生き返らせ、ソ連が崩壊し、クリントンがグローバリゼーションを持ち上げ、世界はどんどん狭くなり、もう手をつけるところが無くなったかのようだった。子供たちはテレビ中毒で、甘やかされ、勝手放題好き放題、何の心配も無く図体ばかり大きくなる。だがしかし、ピノキオが騙されてロバになった極楽島の物語のように、夢はまぼろしで終わる。肝心の親が貪欲な物質主義者なものだから子供をモノで甘やかし、ポルノもスポーツ・ビジネスもすべてスペクタクルの社会(訳注)で、露骨な政治軽視の風潮も実体は支配の手管《てくだ》だ。つまり、何一つ冗談じ

栄光の三十年間：一九四七年の大戦後から一九七四年の石油ショックまでOECD加盟国を中心に続いた高度経済成長の年月。名付け親はOECDのエネルギー問題顧問でフランス人経済学者ジャン・フラスティエ。

スペクタクルの社会：フランスの作家で映画監督のギー・ドゥボール（一九三一〜一九九四）の著作『スペクタクルの社会』（一九九三年、平凡社刊）からの引用。ドゥボールは第二次世界大戦後のヨーロッパが「スペクタクル＝映像」に侵略されたとし、西側の資本主義と東側の国家主権主義の両方を拒絶した。政治、芸術運動「アンテルナシオナル・シチュアシオニスト」を率い、六八年の五月革命にも影響を与えた。一九七三年には映画『スペクタクルの社会』を製作、監督。飲酒による神経症が原因でピストル自殺。

ゃないのだ。

まず何よりも、エコロジーの危機で空模様が怪しくなり、経済は安楽な時代の終焉を告げている。バラ色の未来だったはずが、現実はこの泥沼だ。

文句を言えばそれで済む話か？　否《ノン》。まさにこの人たちの世代こそ、人類史上これまで例を見ない最大の挑戦を受けて立たねばならないのだ。その挑戦とは、種が生物圏の限界に突き当たるという生態系の危機の深刻化により、人類が混沌に陥れられるのを食い止めること、そして権力の誘惑に抗して自由を守り、地球と調和した経済を創出し、次世代の人々が彼らのやり方で二十一世紀の社会を花開かせるために未来の種を蒔くこと、である。今が、歴史の終わりではない。新しい歴史がここに始まるのだ。すばらしく、感動的なことである。そして、一体どうなるか見当もつかない仕事でもある。この世代の人生は生易しいものではない。しかし、中身の濃いものになるだろう。

二年前、私はこう書いている。(原注2)
「私たちは継続的で地球的な規模のエコロジー危機の状況に入った。このことは、早晩やってくる世界的経済体制の動揺という形をとって現われてくるにちがいない」。
それから数ヵ月後の二〇〇七年夏に金融危機が起きたが、これは生物圏で起きる動揺には社会的システムによる対応が必要であり、それが経済危機から始まったことを示している。

受難の時代に入り、寡占階級＝オリガルキーが旧態依然の方策に逆行し、賭け金をつり上げるような動きに出て、昔の秩序に旋回して行くのを許すなら、これほど最悪な事はない。政策の核心にエコロジーの緊急事態と社会正義をすえて、資本主義から脱出すべき時が来たのだ。

拙著『金持が地球を破壊する』で、私はエコロジーの危機について述べ、そのことを証明しているのが現在の社会的状況下における極度の不平等である、と指摘した。ソースティン・ヴェブレン（原注3）（注）に立脚しつつ、私は現代社会で進行している消費過多現象を解き明かすため、虚栄的競争心というヴェブレンの理論の正しさと、同時に消費過多が環境に重大なインパクトを与えていることを示した。社会秩序の再編成を抜きにしてエコロジー危機は解決できない、それが私の結論だった。

ソースティン・ヴェブレン：アメリカの経済学者・社会学者（一八五七〜一九二九）。ノルウェー移民の農家に生まれ、エール大学で博士号を取得、コーネル、シカゴ、スタンフォード、ミズーリ等の大学で教鞭をとった。一八九九年の処女論文『有閑階級の理論』で、富豪の奢侈は先住民の羽根飾りや祭祀と同じで、競争心は人間の特性で経済活動の原動力の一つである、と論じた。また、社会資本は市場によって左右されてはならず、専門的知見によって管理されるべきだとし、制度派経済学の創始者と呼ばれる。著者の前著『金持が地球を破壊する』（二〇一〇年緑風出版刊）第四章参照。

現在の状況は、次に示す七つの命題で要約できる。

一　エコロジー危機の深化を放置することは、文明の存立条件の継続的かつ深刻な崩壊につながる。

二　自然界のシステムがこれ以上バランスを保てなくなる、という閾値《しきいち》効果説(訳注)の信頼性は非常に高くなっている。この限界点に到達する、あるいは越えてしまうのを避けるために、進行する生物圏の変化の方向を迂回あるいは逆行させることが急務である。

三　アフリカ、アジアその他各国、各社会が欧州、日本、北米より少ない生物圏資源しか確保していない事実の正当化はありえない。

四　全人類社会が生物圏の均衡の限界を越えずに、現在の欧州、日本、アメリカと同じ資源利用の水準に到達することはできない。したがって、欧州、日本、アメリカは資源の消費量を現在よりはるかに少ない、およそ半分まで下げる必要がある。

五　いわゆる先進国社会はきわめて不公平な社会になっている。公平とは、富裕層に対して、他の階層より厳しく物質消費の低減を適用すべきことを意味する。物質消費の総体的減少は一般福祉のための公共サービスの改善で補てんする。

六　地球社会は虚栄的競争心を中心に回転している。つまり、富裕階級のライフスタイルが文化モデルを規定し、社会全体がそれに追随している。不公平の低減とはしたがって、寡占階級＝オリガルキーの虚栄的消費活動のポテンシャルを低減させることであり、それが全体の行動モデルを変える。

七　今、この時代における一大政治課題とは、寡占階級＝オリガルキーに対して、民主主義を破壊してまでその特権を維持させるようなことをさせず、より公正で、かつ環境とのバランスがとれた社会への移行を進めることである。

だがしかし、この診断結果から求められる社会的諸関係の変革に向けていかに事を進めていくべきか？　まずは、相手の特徴をしっかり把握することである。寡占階級＝オリガルキーが、資本主義という今絶頂期にある経済システムの中で栄えているということ、そして資本主義が以前とは違う特殊なあり方をしていることを知らなければならない。資本主義は、一九八〇年代からそのシステムを変えた。それから三十年、その間に新しい世代が生まれ育ったのだが、この人たちが目にしたものは、高まる不平等、増える重大経済犯罪、実体産業

閾値効果説：ペンシルバニア州立大学のクラウス・ケラーらの説。「多くの経済モデルが、気候変動は徐々に発生するもので可逆的現象としているが、環境現象には無変化状態が長期間続いた後に突然大きく変化することがある。これが閾値（限界値）効果である」と言うもの。温室効果ガスの排出は、気候変動が閾値を超えるきっかけになり、環境現象の閾値反応を経済分析に取り込むべきである、と主張する。

と遊離した金融経済、世界中に拡大する総商品化、であった。

だがこの歴史展開を、純粋経済学的に解読しようと試みれば、大切な論点が見えてくる。現実の経済を一つの機械になぞらえて、その中心部で奢侈の消費文化が回転しているとするなら、私たちが陥っている集団心理は、機械を動かす燃料であると言うことができる。この三十年間、資本主義はそれまで推進力のブレーキになってきた集団主義を排除し、個人主義的表現・行動モデルを全面的に押し付けることに成功した。この帝国の支配下で成長した世代特有の困難性が何かと言えば、それは個人こそすべて、と執拗に繰り返される社会的日常の中でまた新たな団結を創り出さねばならないことではないだろうか。資本主義の破壊的メカニズムから脱け出すには、まず何よりも今の文化的規範を解体し、現在の日常感覚をたたき壊さなければならない。

資本主義は、人類社会をリードするテクノロジーなるものが数々の難問を解決してくれる、と吹き込みながら、徐々に大異変の到来に不安を感じはじめている人々の目先をかわそうとしている。解決——そしてチャンス——は『croissance verte（クロワッサンス・ヴェルト＝緑の経済成長）[訳注]』に存在する、と言いつつ、実はこの支配体制を永久に存続させることを本当の狙いとするこの幻想、これもまた粉砕すべきである。

未来はテクノロジーの上に賭け金を積み上げることではなく、新しい社会関係を組み立てることの中にある。当面の挑戦課題は、生命と自然環境の尊厳を志向する協同組合的経済を創造するため、私的かつ最大利潤追求主義からすみやかに脱出することである。

資本主義は今、その短い寿命を終えようとしている。一万年前、新石器時代の到来とともに狩猟社会が農耕と出合った頃に生まれたのと似た、重要な技術改良に立脚した、二世紀におよぶ驚異的大発展を経て人類は、この効率的であるけれども暴力的で、豊饒であるけれども神経症的な過渡的形態から脱却しようとしている。私たちはこれから出会う避けがたい障害を乗り越えて、資本主義から脱け出さねばならない。それとも、特権に麻痺してしまった寡占階級＝オリガルキーが盲目性とエゴイズムでかき乱す無秩序の海に沈潜してしまうのか。相手のバランスを崩すのはスピードとパワーであり、それによって団結を取り戻し、私たちの要求を突きつけることができるのだ。

クロワッサンス・ヴェルト：環境に配慮した経済発展の追求方法のこと。水の浄化、リサイクル、産業廃棄物の再利用、汚染の浄化など、また運輸、農業、建設のエコ活動を推進する。

第一章　資本主義は何を残したか――その消滅の前に――

生産性の奇跡

私が研究者の頃にいたパリ政治学院では、学生に最新の技術革新に敏感であってもらいたいということから、数時間の情報科学講座を必須カリキュラムに設定した。この授業で一番面白かったのは、プログラムを機械にインプットする前にカードにパンチを入れさせる時だった。若い学生たちはこの作業に秘められたある種の風刺性——コンピューターを使った情報技術は、一九八〇年代の初めの頃はパンチカードでプログラミングするのが普通のやり方だった——を読み取れなかった。

あの頃、私は最新機能のタイプライターを使い出していた。活字を刻んだ金属球がインクリボンを叩いてその下の紙に印字する、という方式だ。とても速かった。伝統的なタイプライターで執筆していると、ウイスキーとタバコの匂いが滲みついたアメリカの一流記者にでもなったような気がするが、私は電動タイプライター——IBMの「ボール式」または「マシンガン式」——を使うようになり、次にフィリップスのけっこう変わった格好のタイプライターも使ってみた。これで書いた文章が懐かしい。ひょんなことから、わたしはマイクロ情報専門誌『科学とマイクロ生活』に入り、壊れたキャンデー自動販売機のような勢いで次々に市場に進出してきた、若く熱っぽい業界が作った一〇種類ほどのマイクロ・コンピュータをいじっては、大いに楽しませてもらった。

一九八四年の初めにマッキントッシュが登場した時のことは忘れられない。あれには純粋に驚かされた。コンパクトで操作も簡単だった。「マウス」によって機械との新しいコミュニケーションの方法が生まれていた。「オフィス」の「アイコン」で、それまでは夜中の三時まで数式をプログラミングしているコカコーラとピザの肥満児オタクの専売特許だった作業が誰にでもできるようになったのだ。

このマッキントッシュは、一号機では一万字つまり原稿にして七枚以上の許容量すら無かった。RAM（ランダムアクセスメモリー）は一二八キロバイトしか無かった。現在では、本書を書くのに今私が使っているパソコンのRAMは二ギガバイト、つまり一号機の一万五〇〇〇倍だ。この二つの数字の間に、この三十年間に実現した最も驚異的な進化の一つが収まっているわけである。マイクロ情報技術の「革命」に導かれて生産性が一気に飛躍した。この電子集積回路の威力が、一九七〇年代の石油ショック以降、あらゆる先進国での労働生産性の新しい展開を誘発したのである。

生産性の分野では最も評価が高い歴史学者、アンガス・マディスンは西ヨーロッパ一二ヵ国における一時間当たりの生産の向上を総括している。(原注1) それによると、

一八七〇年～一九一三年　年間一・五五パーセント増
一九一三年～一九五〇年　年間一・五六パーセント増
一九五〇年～一九七三年　年間四・七七パーセント増
一九七三年～一九九八年　年間二・二九パーセント増

二〇〇〇年から二〇〇六年にかけて、ＯＥＣＤ加盟国（ヨーロッパ、アメリカ合衆国、カナダ、日本）ではことごとくテンポが落ちたが、それでも年間一・八パーセントに踏みとどまった。（原注2）このように、石油ショックの余波にさらされた資本主義の局面的特徴が、その生産性の向上に見てとれる。もちろん一九四五年から一九七五年の「栄光の三十年間」には及ばないけれど、世界経済が大きく転換した時期でもあった一九一四年の第一次世界大戦までの半世紀よりは、はるかに大きい。

マイクロ情報技術への転換によって、安価で高性能の情報処理機器が普及した。それは、デジタル信号という単一の原理を利用し、マイクロエレクトロニクス（超小型電子）で動く。デジタル化とは音、光、画像、写真などの実現象を数値の羅列で表現するものだ。そして、いわゆるアナログと呼ばれている現象を、０か１に分類される電気信号（パルス）の形で電気的状態に変換し、連続信号に置き換えて操作する。デジタル化は、０と１をさらに速く処理できるマイクロエレクトロニクス技術で実現される。

マイクロプロセッサーのパフォーマンスの進化の度合いは、一〇〇万件当たりの情報処理コストで算出する。(原注3) それは、一九七〇年段階では一ドルだったが、現在では〇・〇〇〇〇〇〇一ドル、つまり一億分の一になった。

情報技術によって変化した人間活動の広がりは、富裕国の市民の日常生活のほとんどすべての要素に及ぶ。それは、こんにち地球上で一〇億台以上の、すなわち六人に一人の割合でコンピューターが所有されている、という事実からも推察できる。(原注4)

マイクロエレクトロニクスの浸透によって変貌した製品や事業の例は何千とある。子供の頃、両親の部屋には「LP盤」を聴くレコードプレーヤーの上に大きなラジオがデンと構えていたものだ。一九七〇年代になり、初めて貰った給料はプレーヤーと一対のスピーカーがついた「ハイファイ・セット」の購入に充てた。因みにこれは、当時安いことで定評の「東ドイツ製」だった。同じ頃、カセット・テープの時代になり、CDに変わったのは一九九〇年代になってからである。デジタルがアナログを制したのである。今や音楽はMP3、(訳注) とインターネットで聴く時代だ。息子のジョゼフがドラムを叩いているバンドのホームページで、

MP3：オーディオ圧縮フォーマット。音声データを音質を劣化させずに圧縮できるため、音源をCDなどからパソコンのハードディスクに取り込む用途として普及した。

グループの曲をいくつか聴くことができる。(原注5)

マイクロ情報技術で生まれた生産性の向上が、製品のコストダウンにつながった。そして、物質面での生活水準が向上した。

このことは、原料を加工したり、移動したりする際の優れた能力としても現われている。マイクロプロセッサーが機械に導入され、同時にコンピューターのおかげでさらに効果的な道具が考案された。技術分野の情報化で経済が空洞化することはなかった。いやむしろ、情報化によって人間活動が加工する素材の量は大いに増加した。最初に、パソコンそれ自体がすぐ旧式になり、捨てられ、大量の廃棄物と汚染物質に化すという現実が生まれた。しかしこれは、何と言ってもコンピューターで情報操作が可能になっても素材の操作まではできないからであって、逆により強力な機械という概念を導入することによって素材の量は増える。例えば、一九九〇年代初頭、石油価格は底を突いており、カナダ、アルバータ州のオイルサンド生産(訳注)は破産寸前だった。(原注6)オイルサンドを一度に一〇〇トン以上運べるトラックから、技術革新で巨大採掘機に転換したところ、業界は持ち直した。もう一つの例としては、フランス、ダンケルクのアルスロール社の製鉄工場は、二〇〇七年に従業員三九二〇人で鋼鉄を一六三〇トン生産しているが、これは一九七七年に従業員一万九七〇人で生産していた四五六トンの三・五七倍である。(原注7)工業部門だけにとどまらない。乳牛一頭が生産する牛乳の年間平均量は、例えばフランスでは一九八〇年の四七〇〇リットルから二〇〇六年には七七〇〇リットルになった。(原注8) この進歩には、家畜のコンピューター管理と人工授精プログラムが主な役割を果たしている。

投機家の天下

サムは自信をもって言うのだった。レイクビューに知っているコミューンがあって、何日かは宿泊できる、と。私たちはヒッチハイクで知り合い、二日間、一緒に旅をしていた。サムは犬を一匹連れ、午後になるとズダ袋から巻いたキャンバスを出し、絵を描いていた。私たちはオレゴン州のレイクビューに着いた。サムが持っていた住所を訪ねると、そこはヤギと壊れた自動車、タイヤ、鉄板、くず鉄などが転がったガラクタの海のようなところだった。ヒゲ面の男、女が二人、子供が一人住んでいた。宿泊はできなかった。三年前、ここは千客万

オイルサンド：揮発成分を失った粘性の原油＝ビチューメンを含む砂岩。成分はアスファルトに近い。カナダ、アルバータ州のアサバスカ地域やベネズエラのオリノコ地域などに分布。採掘方法には露天掘りと吸引式がある。超重質のビチューメンを水素化分解や熱分解で低粘度の原油に転換する。生産コストは一バレル当たり六ドル。十分に採算が取れ、開発が加速している。

来の場所だった。いつも風変わりな連中がいて、何か作ったり、マリファナを吸ったり、音楽を楽しんだりしていた。しかし、時の流れがその姿を変えてしまった。サムの友だちはもういなかった。残ったのはヒゲ面とヤギ五〇頭。裏にキノコ型の木造の家が二つ建っていた。静けさの中に楽器と紙がほこりをかぶって散乱していた。ヒッピーカルチャーの珠玉の精神は、空の彼方に消えた。

その後、カリフォルニア州サリーナスの高速道路のランプで出会ったヒッチハイカーが六〇年代のムーヴメントは死んだと言い、こう続けた。「今はもう何も動かない。みんな金儲けしか考えなくなった。アメリカは強い保守主義に向かってじわじわと地滑りしている」。

これは一九七八年のことだった。「ゴールデン・ステート（カリフォルニア州の別称＝訳者注）」はロナルド・レーガン前知事が支持し、カリフォルニア州民一二〇万人が署名した減税要求「提案十三号」（訳注）を住民投票で可決したばかりだった。住民税は凍結されており、他の州もこれにならった。一九八〇年十一月、ロナルド・レーガンが合衆国大統領に選出された。極楽トンボ資本主義の天下になった。お金こそ王様、お金こそ皇帝、お金こそ神様。

それから三十年近く経過した今、金融経済はいわゆる実体経済で取引されている総額の三〇倍もの金を動かすようになった。これは株式市場の価値と通貨への投機が、通常は具体的生産物の値段に根拠をおく株価とまったく無関係に行なわれていることを意味する。ＧＤＰ

（国内総生産）とは、納品された生産財やサービスから成り立つものだ。二〇〇二年、世界のGDPは三二兆ドルだった。一方、為替交換はと言うと……一〇〇〇兆ドルを超えているのだ！（原注9）すごいだけでは済まされない。もう桁違いだ。

この、物の生産と通貨のやり取りの分離はどのようにして起きたのか？

第二次世界大戦が終わろうとしていた一九四四年、国際紛争に先行して起きていた通貨混乱の再発を避けるため、ブレトンウッズ会議で為替制度が整備された。ブレトンウッズ協定は、国際通貨制度をすべての通貨の為替交換レートをドルに換算するという、ドル本位制に移行するものであった。それまでは金本位制がとられていた。

しかし栄光の三十年間の国際貿易と多国籍企業の飛躍的発展によって、アメリカの国内経済が必要とする量より多くのドルが溢れることになった。ベトナム戦争は高くつき、アメリカの赤字は底無しに膨れ上がり、ブレトンウッズ体制に亀裂が入る。一九七一年八月、ニクソン大統領は固定相場制からの脱却を決断、ドルは兌換通貨ではなくなった。新制度「変動

提案十三号：一九七八年六月、カリフォルニア州住民投票で成立した憲法修正案。固定資産税を資産評価額の一パーセントに抑え、所有者変更以外、評価替えは行なわないというもの。提案したのは地価高騰で固定資産税アップに困窮していた七十五歳の元工場経営者。高齢者による「納税者の反乱」として知られ、全米に減税、政府の緊縮財政要求が広がる先駆けとなった。

相場制」は、市場が為替レートを決めることを意味する。これが、通貨間に存在するレートの差を利用して金を儲けるチャンスを投機家に与えた。よく知られている例が、ジョージ・ソロス(訳注)の場合である。ソロスは一九九二年、ポンドを利用した巧妙なマネーゲームで一〇億ドル以上を儲けた。変動相場制は資本の移動に有利に働いた。世界の金融市場ではこうした形で、一九七〇年の一〇〇億ドルから、二〇〇四年にはその二〇〇倍の二兆ドルが日常的に取引されるようになった。(原注10)

金融経済の飛躍には、一九七三年から一九七九年の石油ショックによっても拍車がかかった。石油価格の大きな値上がりで産油国へ大量の資本が流入した。これらの産油国では、石油を使う生産手段には限界があり、持てる「オイルダラー」のかなりの部分を西欧の金融市場に再投資した。一方、産油国ではない南半球諸国の借款は激増した。開発途上国の対外借款は一九六八年の五〇〇億ドルから、最終的に二〇〇一年の二万四五〇〇億ドルまで膨れ上がった。(原注11)

ついには、石油収入を引き出すのと各国の借款の管理を簡便化する目的で、一連の政策が為され資本操作の壁が取り払われた。インフレを引き起こさずに融資を受けることができる債券（長期借款）の形で国債を金融市場に売り出すのが普通になった。各国政府は同時に、その株式市場に資本を誘導するために、異なる金融機能（銀行預金と投機的投資）を隔てていた障壁を取り払った。ウォール街に対抗して、シティ（英国証券取引所）は一九七九年に為替規制法を撤廃したが、一九八七年の「金融ビッグバン」（訳注）で資本活動に対する規制がさらに緩和された。他の国々の株式市場もこれにならった。

もう一つ、このめまぐるしい動きをさらに加速する措置がとられている。一九八〇年、米連邦準備制度理事会（ＦＲＢ）議長ポール・ボルカーは、インフレ緩和と経済再建のために公定歩合の大幅な引き上げを決定した。これにより、アメリカへの資本投下が非常に有利になった。その結果とは……一九七〇年から一九九三年の間に、実質公定歩合はマイナス二パーセントからプラス八パーセントに急上昇した。（原注12）これで平均五パーセントの上昇となり、十五年余りの間に倍額の投資ができるようになった。

資本主義の新局面を表現するのに最適のシンボルとしては、経済評論家が使う用語がふさわしい。「投資家」という言葉がそれだが、以前は先行きどうなるか分からない工業または商

ジョージ・ソロス：ハンガリー系アメリカ人債券投機家。また哲学者、篤志家、事業家でもある。一九三〇年ブダペスト生まれ。一九六〇年代にソロス・ファンドを立ち上げ、現在の運用資産は二七〇億ドル。「再帰性理論」を提唱。中央ヨーロッパ大学（ＣＥＵ）共同創設者。

金融ビッグバン：一九八六年にイギリスのサッチャー首相が行なったシティ（英国証券取引所）の証券制度改革。「金融サービス法」を施行し、証券市場の自由化を主とした金融自由化、規制緩和、投資家保護をめざした。競争力の強い外国金融資本に有利に働き、市場拡大、シティの地位回復にもつながった。

業的事業に資本投下する企業家のことを指していた。今この言葉は、金融市場でマネーゲームを展開する個人または会社、つまり実質的には投機家という意味で使われている。

投機家のノウハウは、一九九七年にマートンとショールがノーベル経済学賞——別名スウェーデン中央銀行賞(訳注)——を受賞したことで公認された。この二人は、金融派生商品の価値の査定方法を考案したことを評価された。金融派生商品というのは、別の金融資産への先物投機のことである。フランス語ではマルタンガール(確実な賭け)と呼ぶ。この方法で彼らは予想外の大儲けをした。ノーベル賞受賞者の二人は友だちと組んで、ＬＴＣＭ(訳注)なる投機ファンドを作ったのであったが……一九九八年に破綻、原因は他ならぬ金融派生商品の取引を巡ってであった。

世界の金融市場は、投機で生じた負債を具体的な保証無しに別の投機で肩代わりするという、事実上は詐欺のシステムになっている。業界用語ではこの操作を「証券化」と呼ぶが、それはつまり不渡り証券を複合金融商品という形で市場に売り出す仕組みをこしらえることだ。エコノミスト集団セルクルのジャン・エルヴェ・ロランジは「証券化とは世界の経済を発展させる信用経済の機能において不可欠なもの」とする。(原注13) 言いかえれば、世界の繁栄は、これまで一度も経験したことのない、途方もない負債の上に成立した資本主義に依存しているのである。

借金は厄介なものだ。いずれは工面して返済しなければならない。現在の世界の負債は現実世界への負債であって、秀才エコノミストの方々はある意味この事をすっかり忘れておられるが、いずれ分かる。自分の専門分野まで無茶苦茶にしてしまうとは無責任な人たちである。一九八七年、金融資本主義の最初の嵐がやって来た。そして一九九八年、二〇〇〇年と続いた。二〇〇七年に起きた経済危機は、この流れの中で最も深刻なものだった。だがこれは偶然ではない。二十一世紀初頭の人類社会の総体的危機の兆候なのである。

新資本主義の根幹にある腐敗堕落

経済金融化の主たる側面は、腐敗堕落のシステム化である。しかもこれは、二次的特徴で

金融派生商品：デリバティブとも言う。伝統的な金融取引の相場変動によるリスク回避のために開発された金融商品の総称。先物取引、スワップ取引、オプション取引などがあるが、いずれも将来の架空の条件設定の下に取引する。

ＬＴＣＭ：ソロモン・ブラザーズのトレーダー、メリウェザーが発案し、後のノーベル経済学賞受賞者、ショールズとマートンが取締役として一九九四年にアメリカで起業したヘッジファンド、Long-Term Capital Management の略。投下資金は四年で四倍になり、利回り平均四〇パーセントを突破したが、一九九七年のアジア通貨危機と一九九八年のロシア財政危機の影響で破綻した。ＦＲＢ議長の指示で救済融資が施され、一九九九年に緩やかに解体された。

はなく主要な原動力の一つなのだ。マックス・ウェーバーは資本主義の理念の根幹にプロテスタントの倫理感を位置づけ、資本主義の勃興は腐敗堕落の退行を意味するものと解釈した。(原注14)確かに、十九世紀ブルジョワジーの出現は、君主制と貴族が身分、司法、そしてコネと汚職で成り立った一部の商取引を支配し、専制君主がピラミッド構造の頂点からこの支配に正当性を賦与していた既存の体制を破棄することに根ざしていた。硬派ブルジョワジーは、市場原理が経済を支配し、いかなる権力といえども正当な手続きを避けては通れない道義性と理性のある世の中を樹立しようとしたのだった。この理想は消えた。それ以降、資本主義は金銭欲と顕示欲と、共有財産の原則の軽視の上に栄えるのである。

　このブルジョワ理念の衰退をどう説明するのか。このことに最初に注目した一人、アラン・コッタ(訳注)は、この原因を複雑多様化した社会に見出している。(原注15)役人の待遇（の低さ）とその決定の効力（の高さ）との落差が（汚職への）誘惑を呼ぶのであり、規制が増えれば腐敗も増える。

　ここ三十年の間にはなはだしく高まった、全体の幸福よりも個人の富裕と成功の方を極端に評価する個人主義的考え方は、道徳との兼ね合いを理屈でごまかした。ロベルト・サヴィアーノ(訳注)のナポリ・マフィアに関する完璧な調査が、次のように「ゴッドファーザー」たちの心理をとらえ、これを明瞭に説明している。(原注16)

「道義に反するだの、倫理なくして人間存在はありえないだの、経済は節度を守り規則に従うべきだのと主張する連中はみんな、権力が握れなかった者であり、市場で敗れ去った者たちである。倫理とは負け犬のブレーキであり、敗者のプロテクターであり、体を張って大儲けするだけの度胸が無い者の言い訳なのだ」

そしてこう結論する。

「犯罪ビジネスマンの論理、ゴッドファーザーのビジョンは、超過激派リベラルとそっくりだ。その規範は、儲け、競争に勝つのを使命とするビジネスが示し、押しつけるものだ。他の事は関係ない」

新しい経済構造は法的規範の緩和に主要な役割を演じ、資本と商品を自由に流通させ、同時に司法権と警察権の境界線を無くしてしまった。

アラン・コッタ：フランスの経済学博士。パリ大学ドーフィーヌ校教授。資本の論理と資本主義の進化を専門とし、協同組合主義を資本主義の最終局面と考える。また、フランスのEU脱退と通貨フランへの復帰を提唱している。

ロベルト・サヴィアーノ：イタリアの作家。一九七九年、ナポリ生まれ。二〇〇六年にナポリ・マフィア、カモッラのゴミ不法投棄ビジネスを描いた"GOMORRA"（邦題は『死都ゴモラ』）を発表。イタリアでミリオンセラー。世界四〇ヵ国以上に翻訳され、二〇〇六年度ヴィアレッジョ＝レパチ賞、同年度ジャンカルロ・シアーニ賞を受賞。映画にもなり、カンヌ映画祭でグランプリを獲得した。

「オフショア金融（国内市場と切り離した自由な国際金融取引。税の免税などの優遇措置が与えられている）は、世界的大企業グループが当然利用しようとしている脱税を大規模、かつ合法的に可能にし、そして政治指導者による公的資金の横領をきわめて不明瞭なやり方で仕組むものだ」とフランソワ・モランは判断する。(原注17) また一方、国際通貨基金（ＩＭＦ）と世界銀行はひどい目にあった国々に外国資本の流入を受け入れるよう迫った。おかげで、これらの国々の寡占階級＝オリガルキーは主に一次産品の開発で溜め込んだ財産を地元財界ではなく「北」に預金することができたのであり、特にアルゼンチンやエクアドルの銀行破綻の場合など、それはあきれ返るほど恥知らずなやり方であった。マサチューセッツ大学の二人の学者の研究によると、一九七〇年から二〇〇四年までの期間、ブラックアフリカ諸国へのドル借款のうち、一ドル当たり六〇セントが資本流出の形で毎年還流している。(原注18)

しかし、腐敗堕落は西欧の国々でも同じように浸透しており、民主政治の伝統がかけていた歯止めは、エリートたちの手で次第に解除されている。ドイツ司法当局が暴き出した企業連合ジーメンス社内部で長年にわたって行なわれていた一三億ユーロの横領のような「裏金工作」も明るみに出た。(原注19) フランスの金属工業組合の隠し口座はまだ控え目なものだが、経営者のやり口を少なからず曝け出しているし、アルストム社あるいはタレス社などではリベートスキャンダルがあった。(原注20) スペイン不動産業界の犯罪マネーロンダリング、(原注21) リトアニアの市議会による建設許可の不正売買、(原注22)イギリスにおける市場操作のための袖の下など、今や腐敗堕落は多様化した経済活動の代名詞にさえなっている。アメリカの数多くの大企業（ＢＣＣＩ、シティグループ、エンロン、タイコー、グローバル・クロッシング、キューウェスト、エーデルフィア・コミュニケーションズ）によって明らかになったように、株価維持のための口座の操作などの新しい手口も登場している。ストックオプションの割り当て期日を状況に応じて修正するという手法は、企業幹部がより多く稼ぐために編み出された作戦だ。アイオワ大学とインディアナ大学の二人の研究者によれば、企業の二三パーセントがこの方法を採用している。(原注23)

上級役人と企業幹部の人的交流は、日常的相互理解のための確かな方法である。この観点において、フランスとドイツの合弁航空会社ＥＡＤＳ(訳注)の事件は典型的な公共サービス理念の希薄化である。幹部数名が、自社の業績不振の公表に先行してストックオプション（自社株購入権。一定期間内に、あらかじめ定められた価格で一定数の自社株式を購入できる権利）を売却し、インサイダー取引の疑いで起訴された。元来この会社は一九六〇年代にアメリカ巨大企業の

ＥＡＤＳ：(European Aeronautic Defence and Space Company、欧州航空宇宙防衛会社) ヨーロッパの大手航空、宇宙企業。二〇〇〇年七月に仏独合併で設立された、ボーイング社に次ぐ世界第二位の航空宇宙企業。仏巨大企業ラガルデール傘下でエアバスの親会社。ミサイル、ロケット関連の開発、販売も行なっている。

縛りから自由たらんとする政治的意図から設立され、維持されてきたヨーロッパ独特の航空産業ではなかったか。インサイダー取引に連座した資本家は、公共の利益を頂戴しているだけで、お世辞にも企業家とは言い難い。事件に関わった幹部たちの大半が天下り高級官僚だった。

自尊心の喪失を示すもう一つの側面は、自分が失敗しておきながら、その責めはちゃっかり逃れるという政策決定者の性質《たち》の悪さだ。チャールズ・プリンスなる御仁は、シティグループの株価が四八パーセントも下落したのに、同社から一〇四〇万ドル（約九億円）のボーナスを受け取っている。(訳注)(原注24) スプリント社会長のゲーリー・フォースは、従業員四〇〇〇人が解雇されたのに、二一八〇万ドル（約二〇億円）を懐に入れた。ロッキード・マーティン社のロバート・スティーヴンスは、会社の予算が政府との契約で八〇億ドル超過することが予測された段階でストックオプションで二〇〇〇万ドル（約一八億円）を手に入れた。パトリシア・ルッソは取締役を務めるアルカテル―リュサン社が二〇〇七年度三五億ユーロの損失と従業員を一万六五〇〇人整理すると発表したのに、六〇〇万ユーロ（約八億四〇〇〇万円）の金箔のパラシュートを注文した。(原注25)

滅び行く資本主義社会における腐敗堕落の全面化は当然、かなりの影響力を持った裏社会経済の拡大を伴っている。その現象は公けに確認されており、アメリカの司法長官マイケル・ミュケイジー（訳注）は「エネルギー部門および他の戦略的経済部門への組織犯罪の侵入」について懸念を表明している。（原注26）

ロシアの例を見ると、これがどのように複雑に絡み合っているかが分かる。「オリガルキーは、時に純粋に犯罪的方法で、そしてさらにはきわめて暴力的にロシア経済の生き血を吸い取っている」と判事のジャン・ド・マイヤールは言う。「彼らは今、ヨーロッパで投資を始めた。不動産、企業などを買収し、経済の全部門に投資する。彼らは何者だ？　マルクスに言わせれば、資本の原初的蓄積を実現した犯罪者集団がブルジョワ化し実業家になってやって来た、ということか？　それとも、われわれの経済社会に侵入して来るマフィアなのか？」（原注27）

腐敗堕落には感心しないが、利口に立ち回っているじゃないか、といった評価が一般社会に蔓延しつつある。これには反権力意識も一役買っている。寡占階級＝オリガルキーの牙城

チャールズ・プリンス：米シティグループ前ＣＥＯ。二〇〇七年十一月、大幅な業績不振にもかかわらず一二六〇万ドルのボーナスを受け取った。退職金と合わせると四〇〇〇万ドル（三億六〇〇〇万円）以上になる。

マイケル・ミュケイジー：アメリカの法律家。二〇〇七年九月に第八一代アメリカ合衆国司法長官に就任。十八年間、ニューヨーク州南地区の連邦地裁判事、首席判事を務めた。二人目のユダヤ系司法長官。

が崩れないうちは、自動車のステレオ泥棒ですら「最低刑」制度で一年の刑務所送りになる。弱きをくじき、強きを助く、勝ち誇る資本主義の掟が集団の規則の尊重をないがしろにする毒液をじわじわと流し込む。

その一方で、腐敗堕落と非合法取引の経済活動が、タックスヘブンを通過している総金額の大きさ――銀行の国際取引の半分に相当する――でその規模の大きさが分かる巨大なマクロ経済的ファクターを形成しようとしている。(原注28) これらの富は、それを生み出した大衆のものではなくなっているのだが、これを使えばエコロジーの危機に対処し、社会的不平等を軽減するために必要な政策が進められるだけの原資なのである。

この状況は、全面的に腐敗堕落しているわけではない寡占階級＝オリガルキーをジレンマに陥れている。伝染病的に蔓延し、社会の弱点をまた少しずつ弱体化させる腐敗堕落、これを良しとするのか、それとも問題として扱うべきか、彼らはまだ決心がつかない。問題化すれば、経済自由化への動きに逆行することになる。なぜなら、腐敗堕落は副次的現象ではなく、資本の自由に立脚するシステムの本質的特性だからである。

「犯罪」経済を律するには、国家が歩調をあわせて介入する必要があり、これは基本思想に反する。また一方で、政治指導者は腐敗堕落の経済で儲けている集団や個人の利益に興味をそそられてはならないのであるが……。

不平等の勝利

生産性の向上、世界経済の金融化、腐敗堕落の蔓延、この次に四番目として資本主義の現状を示す典型的特徴は、一九八〇年代に再浮上してきた著しい社会格差だ。栄光の三十年間では、生産性の増大の成果はかなり公平に分配され、全員の生活水準が向上し、諸階層間の所得格差の拡大は見られなかった。アメリカのロナルド・レーガン、イギリスのマーガレット・サッチャーの両者がそれぞれ政権に就いた一九八〇年から、突出した高額所得者層が増え、共有財産の一部を独占するようになった。

この現象を裏付ける研究には事欠かない。中でも、長い期間を対象にしているがゆえに、特によく解明している研究が二つある。一つは、経済学者のカローラ・フライドマンとレイヴン・サックスの二人による研究で、一九八〇年代の資本主義を特徴づける大きな方向転換をはっきり示している。(原注29) この両学者は、アメリカの大企業約一〇〇社それぞれの幹部上位三人のほぼ六十年間におよぶ所得の変化を分析した。その研究成果の一つに、これら高級幹部の所得とアメリカのサラリーマンの平均所得との比較がある。これは、半世紀にわたる不平等の変遷を提示するユニークなグラフである（次頁図参照）。彼らの研究のデータベースによると、一九八〇年代まではかなりの安定性が見てとれるが――幹部たちは平均所得の約四〇倍の所得があった――、それから継続的かつ急速に昇給が続き、二〇〇〇年には平均所得の三〇〇倍以上に達するのである。ここにはっきり表われているのは、栄光の三十年間の安定性、一九八〇年から始まり二〇〇〇年に頂点に至る急上昇、そして二〇〇一年九月十一日での急降下である。

フライドマンとサックスが取り上げた現象は、カリフォルニア州バークレーを拠点にしているエコノミスト、エマニュエル・サエズが別のやり方で採用している。サエズの場合は、アメリカの最富裕層世帯の一割を占める世帯の所得を長期間にわたって調査した。グラフのカーブはフライドマンとサックスのそれに非常に近似しているが、観測の道具が異なっていても観測対象が同じならそれは当然のことだ。サエズはさらに研究を進め、次のことを確認した。二〇〇一年にターニングポイントを迎えた後、寡占階級＝オリガルキーは再び復活した。二〇〇六年には、アメリカの最富裕層の一割が国民総所得の半分を占めている、と。お見事！(原注30)

アメリカで強く現われている不平等の進行の世界的傾向は、多かれ少なかれ西欧全体で見受けられ、一九八〇年代における資本主義体制の急変を確認させるものである。

この世界的規模での不平等の進行によって、最富裕層と最貧困層との格差がこれほど広が

アメリカ大企業100社幹部3人の所得と国民平均所得との比較（フライドマン&サックス）

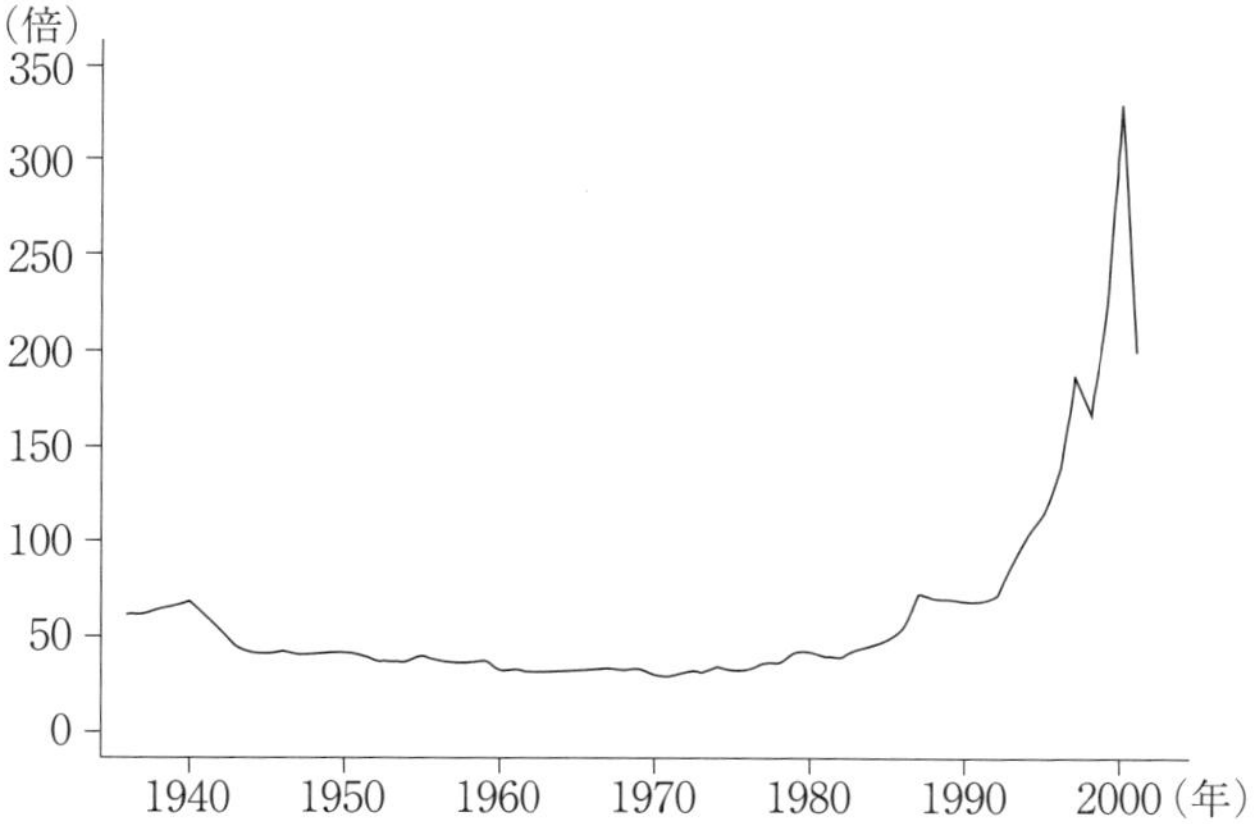

ったことは現代史では初めてのことだが、富裕国と貧困国の平均生活水準の格差に至っては人類史上例がない。

生活水準の向上は、ほぼ総体的、継続的に平均寿命が延びていることで明らかだが、この世界的な不平等はこれとは関係なく進行している。しかし一九九〇年以降、この貧困の減少は絶対的にも相対的にも停止した。そして現在の状況が続けば、二〇五〇年には「金持が二〇億人、その候補生が二〇億から三〇億人、そして極貧層が四〇億から五〇億人生まれることになるだろう、これはつまり、二〇五〇年の世界では現在の世界がかかえる困難性が増大しているということだ。おそらく金持の数は今の倍になり、これが大きなエコロジー問題を引き起こす要因になる。そして貧困層は相変わらず大量で、おそらく今より増えており、富裕と貧困のアンバランスの大きさは変わらない」とエコノミストのダニエル・コーエンは書いている。(原注31)

経済主義世界

かくも最近になってこんなにもパワフルに現出してきたグローバリゼーション、これを実感させるのはどんな学問的考察でもなく、各人が共有している実体験ではないだろうか。西洋社会の中流階級に属する私たちの大多数がこの十年間に行った旅行の回数を見てみよう。例えば、私たち自身のそれと親たちのそれとを比べていただきたい。その違いは、階層や職業が何であれ、ほぼ歴然としているだろう。

私たちの幸福と、大きくは人間自身のために地球規模の経済空間を形成したグローバリゼーションは、なぜこの三十年間になってこんなに威勢よく現出することになったのだろうか？　ジェームズ・フルチャーはこう解説している。(原注32)

「国際競争の活発化によって減少した利益を取り戻すため、企業は一九七〇年代から安価な労働力を先進工業国の外に求めた。それは、ソビエトの崩壊のおかげで東欧に、それからメキシコ、東南アジアに、そして当然ながら一九七八年から自由化し、世界の資本主義圏の人口の四分の一を占めるようになった中国に存在した。この産業分散化でさらに国際競争への圧力が高まり、グローバリゼーションを強めた。あらゆる種類の輸送を簡便化するテクノロジーの発達も当然、重要な役割を果たした」

グローバリゼーションはどのような形で表われているか？　まずは、モノとして、である。世界の物とサービスの交易は、一九七九年から二〇〇七年までに六倍に増加した。通常ドル価格（二〇〇〇年のレート）で、四八九〇億ドルから二兆九七六〇億ドルに増えている。(原注33)そしてもちろん、旅行だ。山の向こうに何があるか行って見てみたいと思う人間の本能は抑えがたく、一九五〇年代は毎年二五〇〇万人だった観光客の数は今、七億人を超えている。(原注34)

文化的規範のグローバリゼーションも商品や旅行のグローバリゼーションと同様、この上なく重要だ。少しずつ、人類の単一文化が形成されつつあり、娯楽の内容まで共通したものになっていく。世界中どこへ行っても、多様性の向こうに——これまでになくきらびやかで豪華な——同じライフスタイルがちらついている。二年前、世界で一番貧しい国の一つ、ニジェールのニアメで驚いたことがあった。アフリカではよくあることだが、昼夜の大部分、野外において快適住宅環境の欠如を目撃する。私が滞在していた通りにある食料品店——トタン屋根の掘っ立て小屋——では、毎晩店の前にベンチを並べ、そこにテレビを置くのであった。住民たちは押し合いへし合いしてテレビの前に群がり、ここから世界の出来事を知るのである。

『ル・ポワン』誌は書いている。

「中国人は大のテレビ好きだ。現在、四億三〇〇〇万台のテレビ受像機が動いており（一九九二年の倍）、地上波が国土の九六パーセントをカバーしている。二〇〇七年の公式統計によると、チャンネル数は二〇〇〇以上……。中国人は毎日平均三時間、テレビを観ている」(原注35)

この文化的グローバリゼーションがもたらすものは何か？　一つは、世界的舞台で活躍する模倣的対抗意識現象以外の何物でもない。私は前著『金持が地球を破壊する』で、偉大な経済学者ソースティン・ヴェブレンの分析を要約した。彼に言わせれば、人類社会の経済は「対抗意識志向――相手の価値を低く見ようとする」モチベーションに支配されている。富の主目的は物質的要求に応えることではなく、「挑発的差別」の保証、言い換えれば、自分と同類の者より上の地位を象徴する物を顕示することにある、と。この人類学的原理に支配された社会においては、生産物の一部はその構成員の存続のための具体的必要を満たすことに向けられる。しかし、この目的のために必要な生産水準には比較的容易に到達し、それから先は他人と区別するために富を見せびらかしたいという欲望がさらに生産を上げさせるのである。これが虚栄的消費と大衆的浪費を育てる。

ヴェブレンの理論は、資本主義社会の現実の機能と、文化のグローバリゼーションが、彼の言うモチベーションを地球的規模で発揮させていることを非常に明快に説明している。ニューヨークやローマやパリの寡占階級＝オリガルキーが決めたしきたりを猿マネしようとしているのはシンシナティやモンテリマールあたりのプチブル連中だけではない。あらゆる国の、とくに新興国と呼ばれる国の中流階級が、自分たちの地位を誇示するためのお手本として最富裕国に右へならえしている。

これは例えば「気候変動に関する政府間パネル（ＩＰＣＣ）」のラージェンドラー・パチャウリー議長(訳注)が指摘していることだ。

「開発途上国あるいは新興国は富裕国の繁栄のイメージに染まっている。その消費活動は西洋文化の妄想に浸っている」(原注36)

インドのエネルギー政策のエキスパート、スダ・マハリンガム女史もこれに同感だ。

「インドの中流階級はイギリスの連続テレビドラマ、ディスカバリー・チャンネル、トラベルものなどをテレビで観て、西洋のライフスタイルの強烈なイメージに欲望をそそられ、そ

ラージェンドラー・パチャウリー：「気候変動に関する政府間パネル（ＩＰＣＣ）」の第三代議長。インド人。二〇〇七年にアル・ゴアとともにノーベル平和賞を受賞した。日本の地球環境戦略研究機関理事。肉の消費を減らすことを提唱。著書に『地球温暖化ＩＰＣＣからの警告』（原沢英夫訳、二〇〇八年刊、ＮＨＫ出版）がある。

れを求める。これが最高の生活だと思っているのだ」(原注37)

中国人ジャーナリストもこれを認めている。

「中国人の消費形態を左右するイメージの発信源は特に新興富裕層の行動である。彼らがこれからの中国の消費活動の主役だ。数は少ないが、彼らがトレンドを発信しリードするのだ」(原注38)

顕示的対抗心という動力は――大きな格差も進行している社会では――どんどん裕福になる寡占階級＝オリガルキーと、数も多くなり有力になった中間層との間で、新しい権威の規範を求めて唸りを上げる。ワールドウォッチ研究所(訳注)のゲーリー・ガードナーは予測する。

「今、世界人口の四分の一以上が世界の消費者層を形成している――ヨーロッパ水準での貧困層またはそれより高いレベルの生活をしている人たちである。そのおよそ半数は発展途上国の人々である」(原注39)

つまり、世界で一五億人が貧困層で、そのうち七億五〇〇〇万人が発展途上国の人たちだ。

アントロポセン（人類中心紀）へようこそ

ナミビア沿岸は世界有数の魚類が豊富な海域である。豊かで栄養分の高い、大きい寒流が大西洋の海底から上昇し、魚類が集まるのに適した海域を形成している。それゆえ、一九五〇年代から世界的に始まった漁業の大発展とともに、ナミビアは無尽蔵の魚の宝庫となった。一九七〇年代には一七〇〇万トンのイワシ、アンチョビなどの海産物が捕獲された。しかし、金庫の底は尽きた。蓄えは無くなった。ナミビア沖の水揚げは一〇〇万トンにも及ばなくなった。第一幕終わり。

第二幕。クラゲは美味しくないし、人間にはあまり好かれていない。しかもこの海洋生物の仲間には細い繊維でちくりと刺す厄介者もいる。脊椎は無く、脳も無く、飽くことを知らない大食漢の肉食動物、クラゲはいつも食べている。この特徴を、ホモ・キャピタリストゥス（資本主義時代の人類、または消費社会の人間を指す新語）のそれに近い、と言う科学者もいる。それはともかく、クラゲからすれば人間様のやることは実にありがたい。クラゲは、その天敵――マグロとウミガメ――に消えて欲しいのだ。クラゲは大陸から海に流れ込む水がもたらす窒素過多状態がこの上なく好きだ。クラゲは冷たい海水の対流が苦手で、それを抑えてくれるこの緩やかな気候の温暖化が好きなのだ。クラゲにとって二十一世紀はまるで天国の

ワールドウォッチ研究所：アメリカの民間環境問題研究所。地球と人類の生存基盤を脅かす地球環境の破壊、人口爆発、資源の枯渇、食糧問題などの実態を報告し、現状分析し、将来予測をして警告を発する。

ような時代だ。

第三幕。ナミビアの漁民は、夏中漁をした挙げ句、深刻な不漁に直面した。イワシ一匹、アンチョビ一匹獲れなくなった。彼らは押し寄せてきたクラゲのせいだと考えた。だが、クラゲに罪はない。釣りをしていたんだって？ そいつはまた豪勢じゃないか。それじゃ今度は、泳いだらどうだい(訳注)(原注40)。なぜなら、クラゲはナミビアの海に侵入して、海中の幼虫や稚魚をたらふく食べているからだ。二〇〇六年に実施された徹底的な調査が示すところでは、この海域におけるクラゲのバイオマス（総量）は魚のそれの四倍、三六〇万トンに対して一二〇〇万トンである！

この新しいエコロジー・バランスが壊れて、原状に復帰する可能性はきわめて低い。これはニューファウンドランド沖で観測されていることと符合する。大西洋岸カナダのこの地方は最近まで豊富なタラの漁場だった。漁が盛んになり過ぎてタラが激減し、カナダ政府は一九九二年に漁業モラトリアムを発令、種を保護することでその再生を期した。しかし、なぜなのか科学的にも解明できないのであるが、タラは減少したままだ。以前よりはずっと規模の貧弱な新しいバランスが定着してしまったのかもしれない。

ナミビアとニューファウンドランドが、現在のエコロジー状況の総体的で特徴的なメカニズムを表わしている。エコシステムは、形質転換、捕食、崩壊の一定の閾《しきい》を越えると不可逆的な形で様態を変える。この閾のメカニズムは、いくつかのケースで確認されており、エコシステムの中でより広く作用する。例えば、数百万平方キロメートルにもわたる海洋の二酸化炭素吸収能力、あるいは頻発する乾燥に対するアマゾン川の耐久力は、いったん破壊されればもうそれきりだ――ブラジル大統領のルラが農産物加工業者団体との間で交わした協定はまさにこれが理由であった。(原注41)

これらの例は、気候変動と同じく深刻な環境破壊が急激に進行する海洋と生物多様性に関わるもので、気候変動とともに歴史的規模のエコロジー危機を形成している。閾値《しきいち》効果説は気候変動分析の中心に位置付けられている。科学的議論は、怠け者で手抜きのメディアの多くが信じ込ませているような気候変動「懐疑派」と「支持派」の間で展開してはいない。それは、このテーマの理解状況を示した最後の報告を二〇〇七年一月に出したＩＰＣＣ内のグループと、気候変動加速の徴候は今やすでに明白であって、ＩＰＣＣは慎重すぎると考える一部の気候学者グループとの間でたたかわされているのである。ゴダード宇宙研究所所長、ジェームズ・ハンセンは後者の旗頭で、「気候は危険な急変段階に近づいている。『大激変』、地

釣りをしていたんだって……：ラ・フォンテーヌの寓話『蝉と蟻』の一節からのパロディ。原作では「歌ってたんだって？　そいつはまた豪勢じゃないか。それじゃ今度は、踊ったらどうだい」（Vous chantiez ? j'en suis fort aise. Eh bien! dansez maintenant.）とある。

球大異変の要素が全部揃っている。増幅反応が強力かつ急速な変動を作り出す、気候はそのような段階に到達するかもしれない」と、二〇〇八年六月、米国連邦議会で言明した。(原注42) IPCC議長のラージェンドラー・パチャウリーも、これにひけをとらない警戒派だ。「私たちの研究によれば、深刻な危険状態に陥らないために超えてはならない温度上昇のラインである二℃~二・四℃以下を維持するには今から七年以内に世界の温室効果ガス放出曲線を反転させなければならない」。つまり、二〇一五年までということである。(原注43)

政策決定者は経済成長を最大限に推進し続ける。そして、資本主義メディアの壁を破って伝わってくる衰退の警鐘をあざ笑っている。しかし、実際には……衰退しているのだ! 経済の拡大がはなはだしい汚染を生み、自然資本の破壊は加速度的に進行している。エコノミストが否定しようが、あるいは彼らにきっちりと予測し、推定する度胸が無かろうが、この現象は紛れもない絶対的事実なのだ。国内総生産の増加はことごとく、地球上の生命力の衰退に呼応する。

経済が置き去りにした領域——エコロジー——は、たとえ圧倒的多数の経済学者がこれは付随的なものだと理屈をこね続けても、決定的に最重要なものになっている。人間の活動は、それを支えている生物圏との間の崩れたバランスを早急に立て直さなければ、これ以上の展開は不可能だ。

この三十年間の資本主義に、生物圏の破壊に関してこれまでの進路を変えたという事実は特に見られない。これまでの進路の継続が良しとされてきたのである。しかし今、主に変わったのは何かと言えば、それは異変が進行していることが分かっている、ということであり——ここが以前とは違うのだが——、このような徴候に、頑固なまでに目を向けようとしていないということである。

生物圏の変容という観点から、産業革命が開いた十九世紀の歴史的発展の延長線上にこの三十年間を位置付けるなら、それは逆に私たちがエコロジー・バランスの崩壊点、すなわち生物圏の限界点にさしかかっている、という重大な事実の証人である、ということだ。砂漠化、生物多様性の衰退、嵩じる水不足、地盤沈下、海洋の酸化、都市化、氷の融解など世界の現状を憂う人にはもう無視できない惨状について繰り返しくどくど述べるよりも、この特異な状況を表わしているあるきわめて人類的な仮説がある。

二〇〇八年の初め、ロンドンの地質学会の層序学委員会が、メンバー全員の署名入りで、最も注目に値する論文を発表した。まずその価値を評価するためには、層序学《そうじょがく》(訳注)が地表の堆積層の順序を研究する学問だということを明記してもらいたい。これはつまり、四十五億年前

層序学：地層ができた順序を研究する地質学の一分野。層位学（そういがく）ともいう。

に地球が誕生して以来の地質学的年齢を特定する研究である。科学は、例えば生物群が爆発的に出現したカンブリア紀、巨大昆虫に適した石炭紀、恐竜の絶滅が起きた白亜紀などの地質時代を区分している。人類は完新世の最後、考古学上は新石器時代にあたる数万年前から生存している。層序学委員会のメンバーはそこで、私たちが生きている時代に新しい名称を付けるのが科学的に有効であると決議した。アントロポセン（人類中心紀）である。実際、今まで生物の一種にすぎなかった人類は、地質学的動因になった。つまり、生物圏の構造を変え得るということだ。自然の堆積作用は四万基を超える人造ダムによって大きく変貌し、大気中の炭酸ガスの量はほぼ一〇〇万年前以来、到達したことのない高水準になり、種の消滅の発生は恐竜の絶滅をもたらした規模のそれに比肩するもので、海洋の酸性度は急速に高くなっている……。学者は結論する。

「新たな地質紀としてのアントロポセン（人類中心紀）の承認に向けて、国際的議論の場に提案するに足る一連の層序学的証拠がある」（原注44）

新しい時代には、新しい社会を。

人類が恐竜と同じ運命を辿りたくなければ、である。

第二章　マーケット・ノイローゼ症候群

個人、裸の王様

ケベック州の州都、モントリオールの日常生活史を紹介しているマッコード博物館を見学すると、多くのユニークな展示物に興味をそそられる。その中に、となり合わせに並べられた、それぞれの間に三十年の隔たりがある二つの展示物がある。それは、乳母車だ。乳母車にはこの年月、機能も技術もこれといって新しいものはないのだが、呼び名は色々と変わっている。それは西洋社会における集団心理の大変化を反映しつつ、世の中のトレンドが一変したことによる。

好奇心旺盛な人なら、イタリアのメーカーの二つの製品に注目するだろう。一つは一九七〇年製のペグ・ペレーゴ——これはフードが付いたベビーカーだ——もう一つは一九九七年製の、これは折り畳み式バギーである。フードつきベビーカーは子供を包み込み、しかも車を押している人に子供が面と向かう作りだ。つまり、子供はすでに知っている身の周りの環境と強く結ばれているという安心感と視覚的にコンタクトしているわけだ。バギーの場合はまったくその正反対で、子供は広大な世界の方を向かされ、見えない人に押されて、わけも分からず都会の歩道にとめどなく溢れ出す無数の感情の総体と対面させられる。歩行者間の距離が数十センチにも満たない場合などなおさらである。

ベビーカーでは身内に保護されていた一人の人間が、バギーではたった一人、未知の世界に投げ出されている。この三十年における資本主義の最大の勝利とは、世界市場を開拓したことでも、不平等を一気に拡大したことでも、デジタル化でテクノロジー競争を普及させたことでもない。それは、人間関係において過度の地位を個人に与え、大衆の意識を変えてしまったことである。(原注1)

確かに、デカルトのコギト〈我思う、ゆえに我あり〉によって画された歴史的転換点以後、個人的自由の賛美に近代性の哲学的、精神的機軸を見出した西洋文明において、個人主義は何ら新しい特徴ではない。だが、この個人主義はつねに、旧くは宗教共同体とぶつかり――あるいは懐柔させられ――、新しくは資本主義的搾取の暴力に対抗して生まれた団結とも対立してきた。ところが最近、この邪魔者の影が薄くなり、社会の構成動因そして身分保証の精神的領域として個が集団意識の中に具体的な形を見せてきた。今や個人は、他の個人または合理的基盤の上に成立する観念的要請で構成された、どんな感情にもどんな象徴的条件にも束縛されない他者との利害関係において以外には人格を形成するものとはみなされていない。

このイデオロギーは、著作『利己主義という気概――エゴイズムを積極的に肯定する――』

が一九六四年にアメリカで出版されるやベストセラーになった――現在もどうやらそれは変わっていないようだが――、アイン・ランド(訳注)が明快かつ最高に率直に表現している。この資本主義哲学者に言わせれば、「人間は自分の利益のためだけに生きるべきであり、他人の犠牲になってはいけないし、他人を犠牲にしてもいけない。自分の利益のために生きるということは、自分の幸福の実現こそが人間の最も高い精神的目標だということを意味する」(原注2)。これはまさに、アダム・スミスが十八世紀の終わりに提起した主張を人間の生き方全体にまで広げたものだ。「個人は誰も、持てる資財に有利になる仕事を見つけようと絶えず努めるものだ」(原注3)。しかしアダム・スミスは、この原理を経済の領域に限り、一方で「道徳感情論」(訳注)を展開しているが、彼の後継者たちはこれを忘れてしまった。

　アイン・ランドに代表される哲学は「方法論的個人主義」(訳注)の形をとって、社会学や経済分析に移し換えられようとした。それは、個人だけが対象化するに値する単位であり、社会とは一人一人の人間が下す選択から自然に生じる秩序のことである、とする。こうして、社会的現実と集団的行動は個人的行動で説明される。社会学者、アラン・エーレンバーグ(訳注)が述べているように、「社会はだから、主観と主観のぶつかり合いにも似て、純粋な契約的概念、つまり互いに自由な二者間の合意の形態に導かれる。個人は自分が関わろうと決めた事としか関わらない(原注4)」

そして明確に言う。「人々が生活の中で共有している固有の社会的事実、すなわちデュルケーム[訳注]の社会学の根幹になっているところの独立した社会の意識、これがあやしくなる」。この「一九六〇年代を通して始まった束縛からの解放の力学は（中略）総体として自立していると見なされた個々人は、自身の全存在に責任を負う、といった印象を残すことになった」[原注5]

アイン・ランド：アメリカの脚本家、大衆小説家、政治哲学者（一九〇五～一九八二）。ロシア生まれのユダヤ人。集団主義を批判し、個人の力で高い理想を求める生き方を描いた主著『肩をすくめたアトラス』はアメリカでベストセラーになった。この他に『資本主義：知られざるその理想』、『利己主義という気概――エゴイズムを積極的に肯定する――』など多数。

道徳感情論：人間は他者の視線を意識し、他者に「同感」を感じたり他者から「同感」を得られるように行動し、この感情を基に「公平な観察者」の視線を意識するようになる。社会は「同感」を基に成立しているため「慈善」など相互の愛がなくとも成り立つ、と論じた。

方法論的個人主義：社会構造やその変化を個人の意思決定の集積として説明し理解する考え方。極端には「社会全体」は存在せず、「その部品の合計」だけが存在すると考える。これは、より小さな存在に言及することによって、全ての大きな実在を説明する還元主義としても記述されてきた。

アラン・エーレンバーグ：フランスの社会学者。現代社会における目標と社会的支援の喪失の中で、自立の実践と注入の必要性に迫られた個人の生き辛さについて研究する。セザム社の向精神薬研究所所長。著書に『**Archanges, guerriers, militaires et sportifs. Essai sur l'éducation de l'homme fort**（大天使、戦士、軍人、スポーツマン――強い男の教育に関するエッセイ）』がある。

エミール・デュルケーム：フランスの社会学者（一八五八年～一九一七年）。総合社会学の提唱者で、社会学を「道徳科学」と位置づけ、教育学、哲学などの分野でも貢献した。デュルケームの言う「社会的事実」とは集合意識とも呼ばれ、個人の外にある集団または社会全体が共有する行動、思考様式のことで、集団や社会の慣習が人間の行動や思考を動かしている、とする。

資本主義にとっては、個人を前面に出すことがイデオロギー的中軸である。おかれた状態の責任を全て個人に転嫁することで、社会組織の責任を曖昧にすることができ、したがって非難も免れる。ミルトン・フリードマン(訳注)の周辺に結集したマネタリスト経済学派の戦闘的雑誌の名前が『ニュー・インディビジュアリスト・レビュー』(一九六一年〜一九六八年)であったり、マーガレット・サッチャーがいつもの歯に衣着せぬ言い方で、その基本的考えを次のように述べたりしたのも決して偶然ではない。

「社会とは誰のことですか? 社会というものは存在しません! いるのは個人であり、男と女であり、家族なのです。そして政府は、人々の手を介さないことには何もできません。そして人は、まず最初に自分のことを心配するのです……社会は存在しません」(原注6)。

個人の軌跡を印すのは本人以外にない、と言うのは優れた者だけが勝つ、という意味でもある。優性者の立場は自然の摂理のようなもので決まる。そもそも「資本主義は人間社会の自然な秩序である」と、ブリュッセル証券取引所所長は言う(原注7)。この「優性」への祝福は、一九九〇年代にアメリカでチャールズ・マリーとリチャード・ハーンスタインの著書『ベルカーブ(釣鐘曲線)、アメリカの生活における知能と階級構造』が売れた時、その「科学的」根拠を得た(原注8)。この本の趣旨は、黒人種のIQは最低であり、それがアメリカにおける彼らの社会的成功を最低にし、その犯罪率をより高くしている要因である、と指摘することにあった。

しかもその上、IQには遺伝的根拠がある、とした。この本は激しい論議を巻き起こした。この説を支持する大学人が多数署名した宣言文が、科学論争の仲裁で評判の経済紙『ウォールストリート・ジャーナル』に掲載された。(原注9)

この資本主義秩序の自然基盤の考え方を補強する論拠が周期的に登場する。例えば、自然淘汰がいかに金持の生存を可能にするか、を説明する書籍も最近出版された。(原注10)「合理的考え方、倹約精神、猛烈に働ける能力という特性が、この人たちの経済的成功をそもそも可能にしたとする、『金持が世にはばかる』という考えがいつの間にか巷間に広まった」

このようにグレゴリー・クラーク(訳注)は解説する。逆に、貧乏人はその中途半端な境遇に不平

ミルトン・フリードマン：アメリカの新自由主義のマクロ経済学者（一九一二年～二〇〇六年）。マネタリズム（貨幣数量説）を主唱、各国の経済政策に大きな影響を与えた。一九七六年ノーベル経済学賞受賞。チリのピノチェト政権、アメリカのレーガン政権、イギリスのサッチャー政権、日本の中曽根康弘政権などの理論的支柱となった。

グレゴリー・クラーク：一九五七年 スコットランド生まれ。カリフォルニア大学教授。専門は計量経済史。イギリスとインドの経済史と長期経済成長モデルを研究。著書『A Farewell to Alms』は、産業革命以前のイギリスでは富裕層の人口が増えたことによって産業が発達した、と説明している。

パスカル・ジャムール：ベルギー人の文化人類学者。ルーヴェン・ラ・ヌーヴ大学教授。著書『Drogues de rue』（二〇〇二年）は、家族の崩壊とドラッグ中毒問題を扱っている。

を言うしかない。人類学者のパスカル・ジャムール(訳注)は、フランス北部下層階級地区で行なったフィールドワークでこう指摘している。「貧しい人々は、やり場のない失望感と『脱落意識』で自分を責める。羞恥心で自分の中に閉じこもり、試練と苦難を他人と分かち合うことができない。男たちは家族から逃げ出し、沈黙と抑うつに閉じこもる。さすらいに逃避し、危険な行動をとり、ドラッグに染まる(原注11)」。

政治より心理学

社会を構成する唯一の要素としての個人、その社会的相互作用を分析していくと心理学に帰結する。ここでも、アラン・エーレンバーグが明瞭に説明している。私たちの社会は「自分対他人という単純化した組み合わせで社会性を個人に集約して扱う傾向があり、こんにちではおそらくそこから、多くの生物学者や社会学者は、情念の流れでもって生物学的なものと社会的なものとの間を『橋渡し』させるようになる(原注12)」。

この時、心理的関係から生まれたシステムによって引き起こされた、避けることのできない、しかも増加する一方の諸障害が現われる。例えば、雇用主ソシエテ・ジェネラル銀行に何十億ユーロも損失させたジェローム・ケルヴィール(訳注)の場合は、精神医学的ケースとされる。

彼は「トレーダーが確信を持てなくなれば、一切の合理性を失う」ような場所である株式市場は、「エゴとエゴの闘いが繰り広げられている場」だということを確認しつつ、「おそらく、詐欺目的ではなく過度の信用ゆえに罪を犯したのだ」と専門家先生は処断する。(原注13) この低級心理学はささやく。もし、ケルヴィール氏に合理性がまったく無いとすれば、株式市場が合理的なのだ、と。そして、エゴの塊のような投機家の精神分析を命じる判事が合理的とされる。(原注14)

一九九五年に若手投機家のニック・リーソン(訳注)が、勤めていたベアリング・セキュリティーズ銀行のシンガポール支店で四億七〇〇〇万ポンドの損失を出したことはもう忘れられている。ジェローム・ケルヴィールは二〇〇七年、ソシエテ・ジェネラル銀行にそのおよそ一〇倍の五〇億ユーロ近い金を損失させた。説明すべきなのは、金額が十二年間で一〇倍になったこの事実である。

ジェローム・ケルヴィール：一九七七年生まれのフランス人トレーダー。二〇〇八年、ソシエテ・ジェネラル銀行員時代に約五〇億ユーロの損失を出して告訴されたが、仏検察は被告が職務を遂行していかなる損失を出しても罪を構成するとは言えない、とした。しかし「信用の濫用」と「情報データの詐欺的利用」の罪で裁判にかけられている。

ニック・リーソン：イギリス人の天才的トレーダー。十八歳で銀行業界へ。モルガン・スタンレー銀行からベアリングス銀行に移り、シンガポール支店で会社の利益の一割を稼ぎ出す。阪神・淡路大震災で日本市場が暴落、多大な損失を出し、ベアリングス銀行は破産。リーソンは懲役六年半の実刑判決で服役。

同様に、労働者が企業で遭遇する困難性とは、劣悪な労務管理の結果でも、経営者側の圧力でも、集団の緊張感でもなく、被雇用者の「パフォーマンス」である。自動車メーカーのルノー社のテクノセンターでは、二〇〇六年十月から二〇〇七年二月までの間に三人の社員が自殺した。これは、多くの企業に伝播した流行病の症状である。社会学者のアニー・テボー＝モニーは指摘する。

「ルノーやプジョーに設置されたストレス監視所やフリーダイヤルなどの防止装置は（中略）サラリーマンを自殺に追い込むような労働の管理形態を問い直すのではなく問題を『心理学的に』扱おうとする(原注15)」

個人主義イデオロギーの争点はまた、経済的なものでもある。それは、雇用者との関係における サラリーマンの集団性を弱めるものだ。一九七五年から一九八〇年にかけて広がった給与の個別化とともに――位階と勤続年数によって査定する給与体系と逆に――、「雇用関係の現代的なイメージが進展した。それは、サラリーマンが集団の束縛から解放されてその職業生活を追求できるような雇用者と社員の関係である。それは、大切な点を忘れている。労働の世界では、強者と弱者がいて、一方は権力を持ち、他方はそれに従う」と法学者のピエール・イヴ・ヴェルカント(訳注)は指摘する。(原注16)

契約の個人化も追求されている。これは、個人と企業との関係――言うまでもなく、自由な――に向かうために、集団主義的伝統あるいは法律によって規定された地位をできる限り崩すことを意味する。理想は、ドイツである程度進められているように、サラリーマンとおさらばすることである。ドイツではサラリーマンが会社を設立して、元の雇用主に以前より安い報酬でサービスを提供することが奨励されている。（原注17）

プジョーの組合活動家、マルシアル・プチジャンが確認するように、経営方法がパフォーマンスを個人化する。（原注18）「以前はチームに目標を課していた。今は個人に対してだ」と、精神科医のクリストフ・ドゥジュールは言う。労働の分割が「極端に推し進められた。労働の分割は何にも増して、人を支配する規律的権力を持てばそれだけ高い効率と反応が得られると考える企業経営者の統治手段として使われる。つまり、優れた支配のやり方とは、人々を分割することなのだ」。（原注19）

このようにして個人と個人を見境なく競わせる。競争は、被支配者を弱体化させる道具であり、また一つの世界観の表現でもある。社会的ダーウィン主義――トップの位置に到達し、その位置を保つための優れた者同士の闘争――は、寡占階級＝オリガルキーの目から見れば

ピエール・イヴ・ヴェルカント：法学博士。リール大学教授。労働法が専門。著書に『肉体的能力と労働契約』、『外部企業の介入――危機管理』、『労働法』などがある。

おのずと当然なものに映る。その事はすでに見た。社会的ダーウィン主義はまた、個人、集団、企業、国がサバイバルを賭けて不断に対決する、まさに大闘技場のようにとらえられている世界経済のはたらき方を規定するものでもある。クロード・アレーグル(訳注)のような既成の秩序を支持する者に言わせれば――彼は左翼に分類されているだけに余計にメディアにちやほやされているが――地球は「金儲けのための野蛮な争い」の場である。(原注20)

自分自身が潰されたくなければ、競争相手を潰さねばならない。イングマール・グランシユテット(訳注)は書いている。この永続的競争は、「恐怖が拡散し、恐怖の行き場所がなく、あるいは恐怖の格が下がり、恐怖が敗者たちのものであるような世界を生み出す」(原注21)。他人は脅威であって、支えではない。かくして、個人主義は競争の強迫観念とあいまって、西洋社会を蝕む集団ノイローゼを育成している。簡単にコマーシャリズムに乗せられ、体裁だけの優位性を求めて勝ち目のない競争に巻き込まれ、負け組みに入る不安にびくつきながら、個人の願いは永遠にかなえられることがない。

公共空間の私物化

お互い見知らぬ者同士の個人と個人の間で繰り広げられる早い者勝ちの世界では、力づくで奪う者が勝つ。論理的に、公共空間は言葉の二つの意味において私物化される。一つは共存共栄の場というよりも個々の私的ビジネスとして。もう一つは、民間企業が経済的に所有する場としてである。

その現われ方は多種多様、電車とかバスの中で遠方から携帯電話をかけてきた相手に、こちらの都合もかまわず延々と長話された経験は誰にでもあるだろう。ビジネスはオープンだが、プライバシーはぴしゃりと閉ざす。原則として保護されているはずの自然空間へ侵入するのも、形を変えた公共空間の私物化だ。エレーヌ・クリエは言う。アメリカでは「四駆、バイク、四輪バイクが喜々として大自然の深奥部に深く入り込んでいる。オフロード車両の登録台数は一九九八年以降、カリフォルニア、コロラド、アイダホ、モンタナ、ユタの各州で三倍に増え、ロサンゼルス内陸部では四倍、ワイオミング州では二〇〇二年以降五倍にまで増えている（中略）ウィークエンドや休暇の時の高速道路、これは一見の価値ありだ。子供

クロード・アレーグル：フランスの地球科学者、政治家。一九三七年パリ生まれ。一九七三年にフランス社会党に入党。一九九七年から二〇〇〇年、ジョスパン内閣で国民教育大臣。地球温暖化に疑義を呈したり、イスラム教徒女子学生のヴェール着用禁止法令案に反対の立場をとった。

イングマール・グランシュテット：スウェーデン生まれの社会経済学者。工業化と社会的結果の研究が専門だが神学研究者でもある。ボルボ社の労働の実態を扱った『産業的袋小路』や『希望の創世記』『エティ・ヒレスムの肖像』などの著書がある。

をいっぱい乗せたキャンピングカーを運転するのはおじいさんとおばあさん、その後ろからバイクと四輪バイクを積んだ四駆が続く。運転するのは父と母だ。このウィルダネスマニアたちは口をそろえて言う。モータリゼーションのおかげで高齢者や身障者も美しい場所に行くことができる。法を守れと言われても無理な話だ(原注22)」

自動車はあまりにも私たちの生活に欠かせなくなっており、それが公共空間を奪っていることをともすると忘れがちだ。インドの現実を見ればそれが分かる。スニタ・ナラインは言う。「デリーでは、六〇パーセントの人がバスを利用しており、二〇パーセントがまだ自転車を利用している。しかし、バス通りは道路全体の八パーセントで、自転車は道路全体の二〇パーセントを使っている。逆に、自動車は都市部空間の七〇パーセントを行き来しているが、運んでいるのは人口の二〇パーセントに過ぎない(原注23)」

金の力に物を言わせて海岸に入れさせないコートダジュールなどの立入り禁止住宅地区、ソローニュ(パリの南の地方)全体を金網で仕切った領有地、フランスのロゼールやオート・ロワール地方、アルゼンチンのパタゴニア地方などの遠隔地にある広大な私有地などが幅を利かせている。公共の空間を強奪しているのは個人だけではない。企業もまたしかり、経済開発、「需要」にこたえる必要性、などと称して公共空間を占領する。インドのように企業が政府の後押しで、農民から土地を奪って自動車工場を開発するようなところでは、やることが強引だ――かくして南ベンガル州シングールでは、農民数百人を強制立ち退きさせてタタ・ナノ（訳注）を製造しようとした（原注24）。
インド中どこでも工業開発の名の下に、製鋼所、鉱山、各種工場などが開発、建設され、農民にしわ寄せが行き、空間という資源が激減している（原注25）。
だが、富裕国においても、侵入はより巧妙で、決して珍しくはない。農村の人工化は度を越している。携帯電話とワイファイ（訳注）が電磁波空間に侵入しているが、電波の増加によって派生する健康上の有害性については事前の検証は無い。遺伝子組み換え生物の普及は――事実上、避けがたい汚染を引き起こす――、文化様式の押しつけと歩調を合わせたものである。

社会的絆の喪失

カンタン「どうしたの、みんな！　今夜は元気がないわね」

タタ・ナノ：インドのタタ・モーターズが二〇〇八年一月に発表した世界最低価格の車。四ドア五人乗り、六二四cc。価格は約二八万円。工場は西ベンガル州シングールにほぼ完成していたが、農民の抗議行動で建設が中断。タタ・グループのラタン・タタ会長は七月にグジャラート州への移転を決めた。

ワイファイ（Wi-Fi=wireless fidelity）は Wi-Fi Alliance によって無線ＬＡＮ機器間の相互接続性を認証されたことを示すブランド名。

フランソワーズ「いつものように、二五号機の調子が悪いからよ」
エレーヌ「困ったことに、仲間のガストンが今病院なのよ」
マリー・クリスティーヌ「職長にはだいぶ前に報告してあるわよ」
カンタン「言ったってダメだっての。職長は忙しいからね」
フランソワーズ「もっといい手があるわ。ストライキ。こっちの要求を聞いてもらうのよ。時限ストなら会社側も納得するでしょ」
マリー・クリスティーヌ「それより、団結するべきよ。みんなで話し合って組合を作るのよ」
デモが行なわれ、ストライキが打たれ、労働者は危険な機械の修理を勝ち取った。
そして、三十年が経った。
エレーヌ「さあみんな、忘れてないわよね？　明日は全員デモに参加してよ！！！」
フランソワーズ「悪いけど、同志、分かってちょうだいな。長年派遣で頑張ってきてようやくCDI（Contrat à durée indéterminée＝無期限雇用契約）になったのよ。今、目をつけられるとまずいの」
ミッシェル「いつもよくしてくれてありがたいけど、ぼくの立場は下請けなんだよ」
エレーヌ「じゃあ、少なくともあなたは来てくれるわね」

ノラ「そうしたいところだけど、仕事は離れられないわ。家族はいるし、家賃は払わなきゃならないし、危険は冒せないのよ」
ラシェル「あなた、従業員番号一三番！　人事課に来るように」
エレーヌ「分かりました！　きな臭くなってきたわね」
いいいいいいいいい。
ストライキもデモも起こらない。
専門家の解説「こんにちは、ポミエ博士。この現象はサラリーマン全体に降りかかる圧力によって生まれるものであります。この圧力は統一と団結の精神を弱め、少しずつ個人を孤立させていきます(原注26)」
おそらくお分かりいただけたと思うが、この会話は一九七〇年代と二〇〇〇年代の労働条件の三十年の隔たりを表現したものである。これは、ダンケルク近郊にある労働者の町、グランド・シントに住む鉄鋼労働者たちが、二〇〇七年七月に開催されたモティベーション演劇国際大会の折に、役者のニコラ・ランベールの協力で書いた脚本である。いかにして労働者が団結精神を失くしていったか、すべての社会に根づく個人主義がいかに労働者文化を破壊したかを何よりも如実に物語っている。
「新しい個人主義化テクニック（報奨金、QC＝クオリティ・サークル）、雇用形態の分散（CDD＝期限付き雇用、派遣）、熟練工（伝統的に組合闘争、政治闘争の先頭に立ってきた）の役割の

過小評価、そして労働者文化を低く評価しがちな学校教育制度、これらが労働者階級をばらばらにした」[原注27]

このように要約するのは、セルジュ・アリミ[訳注]である。クリストフ・ドゥジュールが付け加える。

「以前は、困難な労働条件、不正、いやがらせなどに対して、労働者の共同体が堅牢な連帯制度を通した補償を行ない支援してきた。他者の入り込む余地はなかった。こんにちでは、労働者共同体は分離、解体され、社会的絆は消失し、他人はもう当てにできなくなってしまった」[原注28]

労働者文化が解体したとすれば、社会全体の連帯感もまたしかりである。ルノーの社長、カルロス・ゴーンがラジオ番組で「市民に与えるために国の金を分捕る、これは正しい」と言っても誰も驚かなかった[原注29]。それも当然、今どきの考え方でいけば、国は儲けた個人から巻き上げるだけだからだ。

この集団の忘却はエコロジーの優等生に非常にありがちで、よく見ればわかる。例えば、プラネット・エオリアン（風力プラネット）協会によれば「出力一メガワット（ＭＷ）の風車が一年間で二二〇〇時間フル回転すると、二二〇〇万キロワット／時（ｋＷｈ）の電力を発電し、フランスの一〇〇〇世帯の需要をまかなうことができる」[原注30]。ここでは、各世帯は年間二二〇〇キロワット／時の電力を消費するとみなされている。現実には、全フランスの二五七〇万世帯は合計で四八〇テラワット／時(原注31)、いいかえれば各世帯ごとに一万八六八〇キロワット／時(原注32)の電力を消費している！　この驚くべき違いはどこから来るのか？　風力エネルギー開発業者の熱弁を受け売りした個人主義者の無分別である。電球、テレビ、パソコンなど一般的西洋人の生活を成立させている機器類による家庭での電力消費しか勘定に入れていないのだ。その同じ西洋人が、エアコンの効いた仕事場に通い、エアコンの効いたスーパーで買い物をし、野外照明の恩恵を受け、ナイター照明の下でサッカーを観戦し、電力を使って生産した製品を買い、電車に乗っている……要するに、「世帯」は社会の中で生活し、集団的消費活動に参加しているのである。現実には、一メガワットの風車が保証出来る電力の消費量は、この社会の中の一一七世帯分である……

これと同じで、「グリーン」ライフのすすめを解説するガイドブックはどれも、決して集団ではなく個人の視点に立っている。ニコラ・ユロー基金の出した『地球のための小冊子』には「私は高熱から身を守る」、「私は物を再利用する」、「私は化学療法を拒否する」、「私はそ

セルジュ・アリミ：フランスの作家、ジャーナリスト。月刊『ルモンド・ディプロマティック』編集長。一九九七年発表の『新・番犬』でジャーナリズムの堕落を厳しく批判した。

っと車を発進する」などと書かれている。「自然と発見」の『消費〝役〟者になる』では「消費＝投票」なのだから「政治参加の消費」をすすめ、活動を「私のキッチン」、「私の洗面用具入れ」、「私のガレージ」、「私の工房」などの間に並べている。(原注33) フランス電力会社は、「日常生活を理解し、働きかける」ためにガイドブック『E＝より少ないCO_2』を配布、宇宙を「私の地球」「私の国」「私の家」の順に並べている。

　私たちの地球、ではないのか？　私たちの国、ではないのか？　私たちの町、ではないのか？　消費をやめますか、抗議しますか、異議を唱えますか、議論しますか、テレビを消しますか、反逆しますか？　いいえ。資本主義の天国では、「地球のための善行」をつめばよろしい。あとは「政治家と実業家がやってくれるでしょう(原注34)」。

家族、引き裂きます

　他人と離れて生きる個人の世界が受け入れる唯一の社会的形態、家族。資本主義はこれをすばらしいものとする。しかし、家族それ自体は資本主義が奨励する個人主義的対立関係の虜になっている。祖父母が子供の育て方をめぐって両親と対立し、妻たちは子供を甘やかす夫を非難し、夫婦の仲がいとも簡単に引き裂かれる、そんな風景を目にする。消費社会の個人主義文化においては、恋愛の相手を、満足感を得られなくなったら別れる、といった存在として扱う場合が多い。フランスでは、離婚は一九六四年の年間三万二〇〇〇件から二〇〇六年には一三万九〇〇〇件――三夫婦に一件――に増えた。(原注35)

これが環境に与えるインパクトは無視できない。離婚によって住宅の需要が増え、物質的消費が促される。子供が二軒の家の間を行き来するので、子供部屋、テレビ、ローラースケートなどの数が倍に増えることもしばしばだ。ミシガン州立大学の二人の研究者は、離婚が都市拡張に一役買っており、住居を増加させ（アメリカの離婚家庭の一人当たりの部屋数は、この研究によると一般家庭の部屋数の三三パーセントから九五パーセント多い）、また一人当たりの水道と電気の消費量は、それぞれ五六パーセントと四六パーセント多いということを確認している。(原注36)

離婚は解放か？　もちろんそうだ。それが必要なものであれば。だがこれは、関係を断つことが自由の証しである、と説く集団心理学に広く条件付けられてもいる。しかも、家族はまた、愛の円居《まどい》であると同時に、大きくなればそれだけ有効な、つまり連帯の絆を維持する経済的防衛の核なのだ、ということも忘れられている。症状：貧困労働者の大部分がシングルマザーの家庭である。

「非行の増加」について語るならば、それは最貧窮者の利益を代表すべき団体の不在を表現するものだ。ジェレミー・シーブルック（訳注）は書いている。

「社会的待遇を改善するための団体行動は正当性を失い、社会主義の終焉をめぐる諸説とともに消えていった。犯罪は、不正に対する個人の返答である。それは同時に、支配的価値観（犯罪者たちは、彼らもまたその行動において大いなる企業家精神と創造性を見せてくれる）への風刺であり、グローバル化された資本主義の中心にある英雄主義的個人主義への称賛である」（原注37）。

社会的緊迫感が高まってもメディアは団体行動を報道しなくなったし、それについて語る政治的発言もなされない。個人的暴力の増加は体制に対する反逆を明示するものだが、舌足らずで何も伝えられない。しかしこの暴力の増加が、大衆には経済的領域の不正を巧妙に隠蔽しつつ、治安維持の名の下に絶えず「秩序維持」対策を強制する口実を資本主義に与えている。そして、何でも金にする資本主義のつねで、軍隊も民営化される――二〇〇八年七月、ロシア下院は石油パイプラインを保護するために軍隊を設立する権限を国内主要石油企業グループに与えた（原注38）――看守の増員――フランスでは毎年八・五パーセントずつ増えている（原注39）――刑務所も民営化されている（訳注）――アメリカの「モデル」に準じて、フランス政府は二〇〇八年二月にブイグと刑務所施設を新たに三ヵ所建設し運営する権限を委譲する契約を交わした（原注40）。そして、監視と規制の技術全体が、毎年世界的規模で九パーセント成長する一大産業部門になっている（原注41）。

善良な市民よ、やすらかに眠りたまえ。民主主義的資本主義に揺るぎなし。目が覚めたら、あなたが襲われる番だ。

生きるとは、消費すること――そして裏切られること

市民と警察の衝突など珍しい話ではないが、二〇〇七年十二月初旬に香港の隣のマカオで起きた事件は、間違いなく珍しい。湖北省からやって来た観光客一二〇人が、買い物ができなくなったと言って旅行会社相手に反乱を起こした、と香港の『スタンダード』紙が伝えた。(原注42)「ガイドは、案内した店で買い物をしないのなら黒沙ビーチにおいてけぼりにすると言った」

観光客が買い物を断ると、旅行会社は心地よくもない十二月の海岸に客を降ろしたままエアコンの効いたバスに戻らせなかった。そこで乱闘になり、機動隊が出動し、購買拒否暴徒

ジェレミー・シーブルック：イギリスの作家、ジャーナリスト。一九三九年生まれ。労働者学校の教師から、テレビ、ラジオ、新聞、雑誌などで社会、環境問題をテーマに評論家活動をするようになった。現在、ウェッブサイト、ニューインターナショナルでコラムを担当している。

ブイグ：建設業中心の仏企業グループ。傘下にテレビ局ＴＦ１や通信事業会社「ブイグ・テレコム」がある。

を鎮圧したのである。

　わたしは、黒沙ビーチの観光客の反乱が何かの前兆のような気がしてならない。いつの日か、ひょっとして、十二月四日は過剰消費拒絶祭として祝日になるかもしれない。しかし、資本主義は今のところ、どんどん消費する以外には誰も何も求めないように実に効果的に欲望を保たせている。生きる権利ではなくて、買う権利を主張する。買うことが生きることだからだ。

「本ものの生活、オーシャン(訳注)」

　こういう名前のスーパーマーケットの会社が最近まで打っていた広告である。

　まさにこの生活感覚というものは、その独裁性がどの程度であれ、過去のいかなる人類文明にも存在しなかった心理的条件づけのもとに維持されている。世界のテレビ視聴可能な国民は——およそ一五億人の「世界の消費者層」——一日に三時間近くテレビを観ている。そして毎日、幸福になるために買いなさい、そして潰しなさいと呼びかける何十本ものコマーシャルを見せられる。

　番組もその目的に向けたものであるのは、ヨーロッパ最大のテレビ局ＴＦ１の幹部がある対談の折に認めている通りだ。その中身を読み返すのも無駄ではないだろう。パトリック・ル・レイが言うに「ＴＦ１の仕事は、例えばコカコーラ社の製品を売るお手伝いですね。そこで、広告メッセージを伝えるためには視聴者の脳を準備させておく必要がある。私たちの放送は、脳に準備させる役割があるのです。つまり、コマーシャルをはさんで、視聴者を楽しませ、リラックスさせるのです。コカコーラ社に何を売っているのかと言えば、それは脳が準備されている時間、です」(原注43)。すっかり有名になったこの発言は、まさしく疎外のメカニズムを表現するものだ。再確認しよう。私たち自身が売り物になっているのである。視聴者の脳が売られているのだ。そしてもちろんのこと、これほど自由なことはなかったと私たちが思っている分それだけ、間違いなく疎外されているのだ。

私たちは、いつからこうなったのかさえ忘れるほどに、広告の海にどっぷりとつかり、洗脳されている。三十年前、テレビを観る時間はもっと少なかったし、消費を強いるようなことは目にも耳にもあまり入ってこなかった。このすばらしき進歩は（世界の広告売上げ高は三三〇〇億ユーロ余りにのぼる）(原注44)強烈な個人主義へと向かう資本主義の進展とともに起こったことだ。なぜなら、テレビ無しでは生きていけない、社会的つながりは二の次だと繰り返し言われ続けている人にとって、満足とは第一に物質的充足の中に見出されるからである。物質

オーシャン：フランスの大型小売店。一九六一年にジェラール・ミュリエズが創業。カルフールに次いで世界で一三番目に大きい小売店。ロシア、スペイン、中国、モロッコなど世界一四ヵ国に進出している。

的充足こそ歓びの源泉であり――他人との付き合いや分かち合いではもう得られなくなった歓び――、財をなすことが成功のしるしであり、よってウルトラ競争社会で生き残った証しであり、それによって人の値打ちを決めるのである。一九六〇年代に早くもジャン・ボードリヤールが示していたように、物が証しなのだ。(原注45) これが、今なぜ、まさにこの時代にソーステイン・ヴェブレンの虚栄的競争意識論がこんなにも有効なのかの説明になる。不平等で個人主義的な競争社会では、桁違いのモノをつねに見せびらかして象徴的優位に立とうとする競争が激しく展開される。

特殊で歴史的にも新しい現代的疎外形態が二つある。児童の操作とセックスビジネスの合法化がそれだ。

宮崎駿監督のアニメ映画『千と千尋の神隠し』で、少女千尋と両親が廃墟の町にいる。誰もいない店に数え切れないご馳走が山と積まれたカウンター。腹を空かしていた両親は食べ始め、千尋は一人で探検に出る。戻って来た千尋は、豚に変わった両親を発見する。このストーリーは、消費社会における非人間化の進行過程を表現している。映画では、千尋は両親より利口だ。現実では、親が子供にたらふく食べさせている。

肥満は、WHOによれば四億人が感染している世界的規模の伝染病と言える。(原注46) フランスの七歳から九歳までの児童の一七パーセントが肥り過ぎで、うち肥満児は三パーセント。(原注47) したがって、子供を広告に使うのは問題だ。脂肪分が多い食べ物や甘い食べ物の宣伝文句の露出が肥満の拡大を助長しているのは確かだ。(原注48)解決法の一つは、スウェーデンやケベックで決められたように、子供がお菓子や甘い飲み物を欲しがるようなコマーシャルの放送をやめさせることである。しかし、フランスでは業界とテレビ局がそれに反対している。

「ギュリ（Gulli=フランスの子供向けチャンネル）は一〇〇パーセント広告収入で経営しています」

ギュリを持っているラガルデール・アクティブ(訳注)の言い訳である。

「食品関係企業が局の売り上げの二割を占めており、そのうちほぼ三分の二が禁止広告に抵触することになります(原注49)」

バイ菌資本家には肥満対策のための公共保険費がいくらかかろうがどうでもいいのである。洗脳は生まれてすぐに始まる。Baby First TVとBaby TV(訳注)は、六ヵ月から三歳児を対象

ラガルデール・アクティブ：仏最大のコングロマリット、ラガルデール・グループの通信部門。TV局はGulliの他、MCM、Mezzo、Canal J、TiJi、Juneを所有。CEOは創業者二代目、アルノー・ラガルデール。

Baby First TVとBaby TV：ルパート・マードックのフォックス・エンターテインメントが英米独仏などで放送している赤ちゃんをターゲットにしたTV番組。フランスの文化・通信相はこれを〝危険〟とした。

にしたテレビ番組を放送している。児童心理学者はこれに反旗を翻す。彼らは言う。

「多くの人類学的研究は、ヒトがその環境における最も現在的な要素、特に視覚に入ってくる対象にいかに執着しやすい動物であるかを証明している。絶えず画面を見ている幼児は、中身の如何に関わらず〝目に入って来るもの〟との結びつきを持ってしまう恐れがある。(中略)コマーシャルは、後々子供が大きくなって、いつもテレビをつけていないと生きていけなくなった時に効き目を発揮することになるだろう」(原注50)

もちろん、このテレビ放送は認可されたままだ。

すべては買われ、すべては売られる

人間自身が商品化される時、それは資本主義的疎外が最高潮に達した時であろう。カール・マルクスは言っている。

「それは、世界的な金権主義による全面的腐敗の、あるいは政治経済用語で言うならば、精神的なものであれ物理的なものであれ、何から何までが交換価値を有し、売りに出される時代である」(原注51)

彼の時代、体を売る商売はモーパッサンの作品『テリエ館』に描かれているように、そこそこ融通の利く世界だった。しかし、一九八〇年代に展開した歴史の流れは、十九世紀の最高に好色なブルジョワでさえ思いつかないような状況へとわたしたちを誘《いざな》うのである。リシャール・プーランは言う。(訳注)

「ここ三十年来、セックスビジネスにおける最も大きな変化はその世界的規模における産業化、大衆化、量的普及化であった。合法的であると同時に非合法で、そして数十億ドルもの利益をもたらしたこの産業化によって、数百万人の女性と児童を性の商品に変える取引市場も作り出された（中略）。性の大衆化がこれほど広汎に、かつ深く及んだことは歴史上かつてない。性の大衆化がもたらした価値転換は社会構造の根本に迫り、精神性に深く入り込んだ。地球の全地域がこぞって売春の産業化と、表現方法だけでなく思考と行動形態まで、社会的想像力のポルノ化に参画している」(原注52)

ＩＬＯは一九九八年、東南アジア諸国では「この十年で売春が急激に増加し、セックスビジネスは、当該地域の雇用と所得に多大に貢献する商業部門の次元まで到達した」と確認している。(原注53) 対象をインドネシア、マレーシア、フィリピン、タイに絞った調査によると、これ

リシャール・プーラン：オタワ大学教授、社会学者。人種問題、グローバリゼーションと性、連続殺人の社会学的考察などを研究している。

らの国の女性の〇・二五パーセントから一・五パーセントが「売春に携わっている」と考えられ、しかもこの経済活動はこれらの国々の国内総生産の二パーセントから一四パーセントに相当する。この経済発展の目安の一つが、オランダの売春婦の人数である。一九八一年は二五〇〇人だったが、一九九七年には三万人になった。そのうち外国人が八割である。[原注54] オーストラリアはというと、「セックス労働者」の数は二万人を数える。[原注55] リトアニアでは「一九九〇年代から確認されている女性の人身売買が、(中略) 増加の一途を辿っている。毎年一〇〇〇人もの数のリトアニア人女性が売春婦になるため外国に出て行く」。[原注56] その進行ぶりは、もはや激烈とさえ言える。ネパールなど、つい最近までセックス産業とは無縁だった。ところが、二〇〇八年の初頭にはマッサージサロンが二〇〇軒、「ダンスホール」が三五軒も出現していたのである。[原注57]

人身売買はセックス目的だけに限らない。かなりの数の人々が――おそらく全体の三分の一が――農業、家事、工場での安価な労働力の需要に応えるために売られている。[原注58] 中国・広東省の日刊紙『Nanfang Dushi Bao (毎日南都会人)』は二〇〇八年一月「四川省涼山自治州会東県出身の子供の人身売買。十三歳から十五歳の子供らが人身売買業者の手で、中国を『世界の工場』と言われるまでに貢献したこの地方の工場に、家畜のように送り込まれた」と告発した。[原注59]

「ペルシャ湾岸の石油王国では、市民は誰でも政府が決めた国別の割合で移民労働者に自由に割り当てられる滞在許可証を一定数保有している。一世帯毎に、家政婦と運転手を雇うことができ、企業経営者なら一〇〇人単位で労働者を呼び寄せることができる」(原注60)

ベナンのドゥウンタ村で買われた三人の子供が象牙海岸のプランテーションに送られ、ほとんど無給で働かされるまでを取材したスペイン人ジャーナリスト、シャキン・ロペス(訳注)が語ったように、それは子供の売り買いで儲けている奴隷貿易なのだ。(原注61)

富裕国における情緒的、あるいは生物学的欠乏、これが別の形の貿易を生んだ。臓器売買は一九九〇年代に盛んになり、患者がインド、パキスタン、フィリピン、コロンビアなどに行って臓器を、多くの場合、腎臓を移植する。(原注62) イラクは一九九〇年代、評判の目的地だった。モ困窮状況が、インドの一万五〇〇〇ドルより安い七〇〇〇ドルという値段を可能にした。(原注63)

シャキン・ロペス：スペイン人ジャーナリスト。一九六二年生まれ。スペインのテレビ局TVEでドキュメンタリーを制作。チャドの子供誘拐、ソマリアの海賊、カシミール地震、日本の捕鯨、ベナンの子供人身売買、ギネア湾の子供奴隷貿易などを取材し、国際的に高い評価を受けている。

モルドバ共和国：東ヨーロッパの共和国。言語、文化はルーマニアとほぼ同じ。ソ連崩壊後独立したが、民族紛争、資源不足、ロシア経済危機の影響などでヨーロッパの最貧国になった。売春、物ごい、臓器提供などの目的で多くの子どもがEU諸国、バルカン諸国、ロシア、トルコ、アラブ諸国に売られている。

ルドバ（訳注）が最も新しい供給源だ。国際的人身売買組織が増加し、多くのインターネットサイトがパッケージツアーを売り出している。（原注64）ＷＨＯの徹底調査によると、合法臓器移植全体の五パーセントに臓器密売が絡んでおり、それは年間三〇〇〇件を超える——二〇〇五年中国における臓器移植一万二〇〇〇件の根拠となった死刑囚への執行前施術を考慮に入れずに、である！（原注65） 中国は二〇〇七年四月、臓器販売禁止法を採択し、移植件数は少なくとも一時的には大きく減少すると思われる。（原注66） インドは一九九四年すぐに、臓器販売禁止法を採択したが、これで闇取引を阻止するには至らず、二〇〇八年二月にはふたたび臓器密売事件が起きている。（原注67）

人身売買は養子、または就労目的で子供にまで拡大している。マダガスカルでは二〇〇四年に、マラゲッシュ警察が養子縁組の五つの秘密組織を摘発した。子供は製造していたようなのだ——どうやって？ タナナリブのラベタフィカ警視は語る。

「〝在庫切れ〟になっていたこの養子縁組センターは、いくばくかの金でセンター員ことブローカーの男たちに妊娠させられるのを承諾した女性たちを使って子供を調達していたようです（原注68）」

二〇〇七年、グアテマラの警察は秘密の孤児院から外国人の養子にされようとしていたと考えられる四六人の子供を救出した。『ルモンド』紙は書いている。

「グアテマラ司法当局は、子供の密売でマフィア組織は年間およそ二億ドル（約一七〇億円）稼いでいると推定している」(原注69)

配偶者として女性を売買するビジネスは、アジアの多くの国々での男女の人口の差を考慮すると、今後大きく伸びる見込みだ。代理母も全面的完全容認に向かっている。代理妊娠を許可したカリフォルニア州では、これは「本もののビジネスの形をとり得る」と『リベラシオン』紙が解説する。

「夫婦は代理母を容姿、学歴、健康的生活状態を基準にして選択する。エージェントは候補者に前科も負債も無いことを確認する。代理母は料金（ケースによって五万ユーロから一〇万ユーロ）のうち二〇〇〇ユーロから二万ユーロを受け取る」(原注70)。

これ専門の取引市場を設立するという考えは時期尚早だが、ベルギー人の代理母が出産した女児が、当初の依頼主よりも高額を提示した買い手に転売されたというフランドル地方での出来事もあるように、あながち馬鹿にはできない。彼らは、一万五〇〇〇ユーロを返還し、授精用として夫が精子を提供した依頼人夫婦の眼前から子供を持ち去った。(原注71) 市場はまた、産地の国外移転によって国際化する。サンアントニオの医療技師が認めるように、西洋の夫婦が本国より料金の安いインドにまで赤ん坊を注文しに行く。

「医師、弁護士、会計士など高給取りの人たちは料金が払えるが、私たちのような教師、看

護士、事務員なんかには無理な話です。インドにでも行くしかないのです」（原注72）

料金はアメリカより安く、三万ドル。うち七五〇〇ドルが製造元、いや代理母の手元に入る。インドの『タイムズ』紙が優れた問いかけをしている。

「見るも無残な貧困で身動きすらできない国で、一日二度の食事を得るために、女性が他人の子を妊娠するのを受け入れないですむように、政府はどんな保障ができるというのか？」（原注73）

パンとゲームとセックス

セックスとテレビ、そしてインターネット、この三つが結合して資本主義が人間性を疎外するのに使用する最強の道具の一つが生まれる。どっと溢れ出た性欲の経済は、贅沢競争についていけない人たちの欲求不満のはけ口である。一九九〇年代、（表現の）自由という錦の御旗を振りかざし、ポルノはごく当たり前のものになった。性的搾取というとらえ方そのものが大衆の意識のスクリーンから消えるためには、後はこの性の商品化に拍手を贈る若干の女性知識人に登場してもらえばいいだけだ。（原注74）そこで、売春の自由を支持する女性哲学者のエリザベット・バダンテール（訳注）が、世界でも有数の広告代理店――ピュブリシス――の株の一〇・三二パーセントを所有する取締役に就任したという事実は、決して偶然とは言えない。（原注75）

二〇〇〇年、アメリカ人二一〇〇万人が最低一日に一回はインターネットのポルノサイトにアクセスした、と推定される。(原注76)同年、ポルノ映画は一〇〇億ドル市場で三十年前の一〇〇〇倍であった。毎年、一万本以上のポルノ映画が製作されている。ポルノ市場は、ホテル産業などの、より「まともな」産業部門とも連結していて、ホテルの部屋で鑑賞する映画として提供される。テクノロジーの進化がこの急成長に大きな役割を果たしている。一九七〇年代、ポルノ好きはポルノ映画を観るために、こっそり街中の映画館まで行かねばならなかった。一九七五年にビデオデッキが登場してからは、他人に知られずに自分の家で鑑賞できるようになり、次いでインターネットの普及でポルノのプライベート化が促進された。

この動きから生まれた数々の性欲偏向もすごい。児童ポルノ、獣姦、ブッカケ（顔射）――「若い娘が部屋の中央に座らされ、十数人の男性が順番に彼女の顔面に射精する」――、二人または三人による挿入、などである。(原注77)出演者が誰かは問わない約束だ。しかし、作家のイザ

エリザベット・バダンテール：フランスの文学者、フェミニスト哲学者、広告代理店重役。一九四四年生まれ。フェミニスト運動が男性への復讐を目的にし、男女差別の根拠自体に不平等があると批判した。

イザベル・ソラント：フランスの作家。一九七二年生まれ。パリ国立高等鉱業学校卒。二〇〇一年に女性のドラッグ中毒を描いた小説『L』で作家デビュー。同人誌『ラヴァージュ（荒廃）』を主宰。演劇活動も活発に行なっている。

ベル・ソラント(訳注)はこう感じる。

「膣、ペニスをくわえた口、肛門、精液や指やこぶしや何百ものペニスの連続でいっぱいの穴、その背後に一人の人間がいるのだ、と思う時、これほどぞっとすることもまたない。（中略）確かに、ポルノ映画で輪姦され、血を流し、崩れ落ち、あるいはピンピンしていたりするのは自分の姉や妹や母親と何ら変わらない、か弱い体をした一人の人間なのだ、などと思わない方が気楽に楽しめるだろう。でも、現実はそうではないのだ(原注78)」

男性にせよ女性にせよ、有性者には生殖の使命がある。「カルチャー」系テレビ局として知られるアルテの「オルガスムとは何か?」という夜の番組で、「女は〝スーパーオーガスム〟に達したい」が「男は〝オーガスム能力を開発する〟ことができるし、すべきである」と言っていた。あるジャーナリストが評する。「アルテに出演したプロが恋人たちへ贈るメッセージは、こうだ。一物を急所に入れ続けて鍛えねばならない。快楽は努力無しには得られない」(原注79)。経済の常、ここでも最大限が追求される。ポルノショーの一つで「ガング・バング」というのがあるが、これは十数人の男性が一人の女性の顔面に次々と射精する趣向だ。このショーでは、〝ポルノ界のスター〟リサ・スパークス(訳注)が、二〇〇四年十月にワルシャワで開かれたエロチコン会場で十二時間近くの間に九一九人の男性を満足させたのが最高記録である(原注80)。

ポルノに興味を持つのは、心を汚れた湯桶に浸すようなものだ。だが、二十一世紀初頭の文化はこの汚水に、何らためらうこともなく、手を変え品を変えて、疎外以外の何物でもない心理的非人間化産業を浸している。

もう一つの娯楽の形――「スポーツイベント」で大衆の興味をひくこと――が、大衆意識のポルノ化と巧妙に組み合わされる。それは、二〇〇六年にドイツで開催されたサッカーのワールドカップの時、この国――二〇〇二年から売春が合法化されている――は、観客用に大量売春施設の設置を許可し、そのため四万人近くの売春婦が「輸入」された。(原注81)この対応に異議を呈した団体の話によれば、「この大量導入に備えて、ドイツのセックス産業界はワールドカップ期間中の〝かき入れ時〟を見込んで巨大売春コンプレックスを建設した」。「セックス関連スーパーストア」とでも呼ぼうか、この面積三〇〇〇平方メートル、男性客六五〇人が収容できる一大売春センターは、ベルリンのメイン競技場の横に建てられた。周辺一帯には「セックス小屋」が立ち並び、それは公衆便所が並んでいるようで、「貸しボックス」と呼ばれていた。ベルリンは例外ではない。二〇〇四年、アテネでは三〇軒の売春宿の新設が許可され、この年のアテネオリンピック期間中の「需要の増加」に対応するため二万人の補充

リサ・スパークス：アメリカのポルノ女優。一九七六年生まれ。ポーランドで行なわれたエロチコン２００４で、一日で九一九人の男性とセックスするという世界記録を出した。ポルノ製作会社も経営している。

売春婦の売買を可能にすべく、規制が緩和された。〔原注82〕

最も驚くべきなのはポルノ・売春産業にどっと流れ込む搾取の暴挙などではなくて、――歴史を見れば人類がすすんで身を委ねてきた残酷さには事欠かない――人権を価値基準の最高位に位置づけているはずの文化国家がはっきりとこれに無関心であり、承諾していることである。ここで、私たちがどこまで疎外されているか、その程度が量れる。

頂点に達した資本主義は、そのゆえ今にも退化が始まる段階にあり、少し前まではその内実を覆い隠すつもりで体裁をつくろっていたが、もうなりふりかまわなくなってきた。そしてまさに、オーウェル言うところの「常識」通りに生きることにこだわりを持つ人たちの、まだ少なからぬ部分を欺こうと、私たちの「価値観」らしき空疎な言葉を操り人形のように振り回しつづけている。しかし、寡占階級＝オリガルキーはもう自信を失い、すべての物、すべての存在を所有の対象へと変えること、つまり破壊しかもはや念頭にない飽くなき金銭欲に体制を委ねている。

反資本主義の市場

「グリーン・バザール」は大きなホールで、果物、野菜、魚、ドライフルーツにスパイス類など各種の食品別に売り場が分かれ、きれいな色の豪華なディスプレイになっている。肉類は布をかけた台の上に並べてあるか、赤く塗った鉄カギにぶら下げてあり、商人はみんな丸い帽子をかぶり白いシャツを着ている。ホールの周りには缶詰、お菓子、薬品類を売る小さな屋台や客や商人が軽く飲み食いする店が並ぶ。

ここ、カザフスタンのアルマティの市場にはソ連時代の名残が息づいている。ここをのんびりぶらついているうちに、少年時代パリにあったサンジェルマンの市場を思い出した。屋台、静かな活気、色とりどりの品物、人間の匂い、そこには生活が息づいていた。お金だけではなかった。この時代は、商売は貨幣の流通だけではなく、人と人とのつながりに力を与えていた。

パリ六区のサンジェルマン市場は今、寡占階級＝オリガルキーのゲットーと化した地区の姿そのままに、高級ブティックが集まる無味乾燥なショッピングモールに変わった。しかし、昔は「一九四八年法」(訳注)という法律によって、パリ全体がそうであったように、薄給世帯でも生活できたし、この地区はとても賑わっていた。みんなこの市場で買い物をし、牛乳屋であ

一九四八年法：一九一四年以来の家賃凍結制度を改定し、戦災で破損した住宅、店舗等の改築を可能にしたフランスの法律。一九八六年まで施行され、低所得者賃貸人に有利な住宅事情を実現した。

れ肉屋であれ、ファーストネームで呼んでいたものだ。私の母は、いつも耳に鉛筆を挟んでいたジョルジュの店で野菜を買っていた。私は十三、四歳の頃の夏に、別の八百屋で数週間アルバイトをしたことがある。若い店員は、トラックから箱を降ろすのやトマトを上手に積み上げるのに難儀するプチブル少年をやさしくからかったものだ。彼は、市場の仲間たちと聞いたこともない言葉で話していたが、今思うにあれは、移民の子供同士の反対語のような隠語だったのだ。

市場というものが、地区や地域の生活の中心であり、貨幣交換という唯一の機能に限定されたものではないということは、ニアメの街路の深く入り組んだバザールからサヘルの大きな村の木の枝で編んだ日除けの下での毎週の市まで、キトの通りの色鮮やかな市からナポリの中心の歌う迷路の市まで、資本主義的精神が全面的に貫徹されていないような世界の片隅では当たり前の話だ。そこでは、物を買い、売る。それはもちろんだ――物を作ったり、服を仕上げたりすることも多い――、しかし、話し、出来事を伝え、政治を語り、約束し、社会を作る。

それもアメリカの変わった場所で、それがはっきり分かった。この国は、資本主義に最も破壊されていて、モールというショッピングセンターがいたる所にあるが、これは消費に捧げられた巨大な寺院である。

ノースカロライナ州サザンポイントのそれは異なる。いわゆるショッピングセンターではなくて、失われた感受性とぶらぶら歩きの心地よさを再生させるような小さな街のような作りだ。広大なパーキングの中央に大きなビルが並び、その間を二、三本の通りが通っていて、歩行者天国で、噴水があり、ベンチがあり、カフェテラスやレストランがある。家族連れでぶらつき、ウインドウショッピングが楽しめる。メインストリートの端にある広場に教会の形をしたシネマコンプレックスがあり、シンボリックな役割を担っている。そこここに曲芸師や火吹き男がいて、ウインドウショッピングの午後を盛り上げる夢のようなムードをかもし出す。だが、すべては虚像だ。誰も住んでいないこの町は、物を売ることが仕事なのだ。この町は、ピーター・ウィアー監督の映画『トゥルーマン・ショー』(訳注)の、アメリカ版統合失調症の代表のような架空の町の現実版のようだ。仮想の町――人が生活し、話し、やりとりし、愛する――そして現実の町――資本に貢献し、消費し、サザンポイントのように、あるいはトゥルーマン・ショーに出てくるテレビ番組の舞台のような。(原注83)

トゥルーマン・ショー：一九九八年のアメリカ映画。ピーター・ウィアー監督、ジム・キャリー主演。平凡な保険のセールスマン、トゥルーマン・バーバンクは、実は生まれた時から人生すべてを毎日テレビ中継されていた、という話。町は巨大なセットで、家族も通行人も全員俳優である。だがある日、自分の世界に疑問を抱き始めた男は、真実を知るために舟を漕ぎ出す…。

サザンポイントの通りの反対側には、巨大なショッピングモールがあり、店が並んでいるが、どちらかと言えば高級ブティックで、網目状の広いアーケード街にはスーパーマーケットがある。フードコートのテーブルで、チック・フィル・A、ステーキ・エスケープ、イチバン、ボン・ビストロなどの手ごろな値段の店の調理済みの料理にかぶりつく。ざわざわとした中、キッズ・スタジアムで遊ぶ子供の嬌声が聞こえる。のんびりしたものだ。不快感などまったく無い。エアコンが効いていて、暑くも寒くもない。快適である。遊びに来たんだ。楽しもう。

サザンポイントは、資本主義が市場《いちば》経済に捧げる賛歌であり、商売が利益と蓄積だけのためではなく、市場《いちば》に都会生活の血が通い、みんなが利用するもので、金の亡者の暴君の道具などではなかった時代へのノスタルジーなのだ。

資本主義は社会の抹殺を望んでいる

資本主義とは何かを明確に述べる時が来た。ネオリベラリズムという呼称は一般にあまり明確な意味で使われておらず、正確な定義もされないまま、酷評され、左翼も混乱している。たとえばフランスでは、社会党が「リベラリズムとは、社会的つながりの重要性にも市場経済の政治的規制の必要性にも異議を唱えるものではない」と、はっきり表明している。よろしい。「それは、社会的絆と規制を破壊するネオリベラリズムやウルトラリベラリズムとは異なる」(原注84)。そうか。では、善玉リベラリズムと悪玉ネオリベラリズムをどのように判別するのか？

遠まわしな言い方はやめよう。リベラリズムとキャピタリズム＝資本主義とを明確に区別する必要があるのだ。私の考えを述べる。リベラリズムは、生まれつき与えられた社会的地位によって規定された先験的な限定と束縛から人間を解放することをめざすものである。リベラリズムは、市民一人一人に同等の権利を与える基本原則から生まれる都市における権力を組織化する方法を規定する。これは、表現の自由と代表制民主主義の手続きとして理解される。

一方、資本主義とは、この二、三世紀以来展開してきた歴史過程であると言うことができるだろう。これは現段階において、他の文化を制覇した状況にあり、その究極的結果を示している。しかし、資本主義とは何か？　これについては幾万もの著作があるけれども、不思議なことに、滅多に明確な定義にお目にかかれない。『アルテルナティヴ・エコノミック』誌に掲載されたアル・カポネによる定義は、たぶん最も的を得たものだ。

「資本主義は支配階級がやっている合法的詐欺だ」(訳注)(原注85)

しかし、この大物のズバリ発言は議論に雑音を立てそうだし、もう少し緻密な定義の方がふさわしいかもしれない。資本主義とは、個々人が利潤の追求だけに動機づけられ、自分たちを関連づけるすべての活動を市場メカニズムによる調節に任せることで一致している、とされる社会状態である。

私は、歴史学者フェルナン・ブローデル[訳注]による古典的分類に準じて「市場経済」と「資本主義」との分類を試みる。ブローデルは、市場経済は他の活動や別の諸関係のあり方と共存しながら、長い歴史を経て発展してきたものであると考えた。彼に言わせれば、資本主義は市場経済から生まれ、その市場経済を世界全体に拡大した。ブローデルが設定した分類は含蓄があるが、彼の資本主義の定義は曖昧である。[原注86] 経済学者カール・ポランニー[訳注]は彼の言い方で、私たちが資本主義と呼んでいるものを定義するのは、市場メカニズムが社会活動全体を規定するのだと思い込ませようとする論理だとする。

そうだ。彼は「どんな形の社会も、経済的要因に左右されるものだ」と言う。しかし、十九世紀に始まった文明のみが、「人間社会史を通してその有効性が稀にしか見られないし、日常生活における行為、行動を正当化するものとしては、それまでは決して採用されたことのなかった一つの動機、すなわち利潤に依拠することを選んだ」。彼にとって、「自己規制市場システム」つまりすべての物は需要と供給が見合うことで有効な分配を調節できる、という考え方は「唯一この原理から生まれる」。

彼は、多くの人類学的資料に則して言う。資本主義ではないすべての社会では「人は物質的財産を所有する個人的利益を防衛するために行動するのではなく、その社会的地位、社会的権利、社会的優位性を保障するために行動する。この目的においてのみ物質的財産の価値を認める」。そこで、資本主義では「市場による経済システムの支配が、社会全体の組織化に抗し難い影響を及ぼす。この支配とは、実際には社会が市場に管理されることを意味する。経済が社会的枠組みにおさまるのではなく、社会的枠組みが経済システムにはめ込まれるのである」(原注87)。

ここに私たちの指針が存在する。資本主義からの脱却とは、個人的利益に代わる行動をす

アル・カポネの名言：原語は Capitalism is the legitimate racket of the ruling class. 三十歳でこれを言った。"racket" とは詐欺、ゆすり、横領の意。

フェルナン・ブローデル：フランスの歴史学者（一九〇二～一九八五）。一九四九年に自費出版した『地中海』は新しい歴史学のさきがけとなった。一九七九年に『物質文明・経済・資本主義』、一九八五年には『資本主義の力学』を著した。

カール・ポランニー：ハンガリー人経済学者（一八八六～一九六四）。ウィーン生まれ。経済史の研究を基礎に経済人類学や市場社会論を構築した。経済原理の一部が肥大化したものが市場経済で、十九世紀に市場社会を生んだ。しかし、人間や自然を商品を見なすことで多くの人間を破局へ追い込んだと指摘した。

るための別のモチベーションを個々に認識させることであり、それはまた、調和をめざす人間的組織を代表制の中心にすえるために、社会における経済——物の生産と交換——の独占的地位を排除することでもある。

これには手間がかかる。社会的枠組みを決める唯一の方法としての市場のイメージが政治意識を侵しているからである。その好例が、社会党の「需要」と「供給」のとらえ方だ。「大衆の論理はつねに考慮すべきである。なぜならそこに需要があるからだ。それは、明らかに必要だからでもある。ここにおそらくは供給の問題が重なる(原注88)」。おそらくは、需要を喚起するための大衆の側の論理から、価格は下げねばならなくなる……。

最も基本的な社会的枠組みを空疎化することでいかに独占市場の論理が貫徹されるかは、見事なまでの大衆疎外過程に示されている。「量販店」では、レジ係りを機械に代えようとしている。消費者の側がレジの仕事をする——ガードマンの目が光る中——のである。このようにして、商品取引の基本的特徴の最後の名残り——二人の人間が言葉を交わすという——が取り除かれ、あとには何も残らない。彼らの都合による人員削減が利益を生む。それだけである。スーパーのレジから人間を無くすという動きは、哲学者ハンナ・アーレント(訳注)の次の言葉を思い起こさせる。

「全体主義は独裁体制ではなく、人間が不必要とされるような体制に人を導く(原注89)」

消費者にも目を光らせ、注文しなくてもいいように客の要望を前もって知ろうとする。『ル・パリジャン』紙は大規模小売店が考える販売戦略を説明している。

「端末とセンサーの世界。携帯電話なしでは何もできない、すべてリモコン化されている。(中略)ポイントカードもキャッシュカードもない。すべて携帯電話に取って代わられた。携帯を読取装置に当てて本人と認識させる。(中略)客はみんなショーウインドーに設置したカメラで監視されている(原注90)」

客は個体として、そしてすっかり慣らされてしまった携帯電話、GPS、インターネットの利用によっても追跡され、照合され、分類される。残るは、商品と同じように自分自身がナンバリングされるのを受け入れさせるだけだ。RFID(電波による個体識別)、トランスポンダー(RFID内臓のICタグ)別名電子蚤などが普及して、個体が移動している間に照合認識し、また管理データベースと付き合わせて情報を処理する。これらは少しずつ人間にまで拡張してきている。服役者に施すことから始まり、次はアルツハイマーの患者、その次は子供の監視。その次は……

ハンナ・アーレント:ドイツ人政治哲学者(一九〇六〜一九七五)。ハイデッガー、ハンス・ヨナス、フッサール、ヤスパースらと交流、指導を受ける。ナチスから逃れるため一九三三年にフランスに亡命、フランスがドイツに降伏してアメリカに亡命。一九五一年に『全体主義の起原』を著した。

無言の交換

資本主義と市場経済とを区別するものは何か――経済の意味を物質的財産の生産と流通だけに限らず、生活上の物質的、象徴的要請を構成するものとして解釈するなら――、つまり資本主義と市場経済はどこが違うかと言うなら、市場経済における交換では言葉は不可欠であるのに対し、資本主義は一つの純然たる「合理性」を志向し、それによって当事者は曖昧性を排除した記号で主要な事、交換される物やサービスの価格や、あるいはその品質を知らせてもらう、というところが違う。

それから先は、交換は言葉を必要としなくなり、簡単な手続きだけが適用される。だから「経済学」は、交換する当事者同士を合意状態――または非合意状態――へと導くためには言葉と身振りを駆使するしかない言語の不確実性から脱するために、かくも頑強に数字化を志向するのである。

人間とは何か？　言語とは？　これに対するこの答は簡潔で、きっと物足りないかもしれない。しかし、明らかに、言語は人間の行為の本質をなすものである。

「言語は、道具と同様、人間だけの特徴である（原注91）」

人類学者のアンドレ・ルロワ-グールアン(訳注)は力説する。

さて資本主義は、その最も進んだ、最も実験的な形で交換の言語を省いた。ポルノ、事前交渉なき性行為、無言の売春、大半が言葉の分からない外国へ女性たちを連れて行く人身売買、買った品物を客に自分で申告させるための漸次的なレジ係り排除、物は言わないが売り物にはなる赤ん坊、胎児、配偶子など、言葉の分からない赤ん坊を洗脳するテレビＣＭ。ここに資本主義の思想が見える。目的に合わせて完璧に手段が整えられた世界、よって不正確さ、漠然性、躊躇、詩、演技、食物を交換する際に人が演じる芝居、欲望、情熱、魂などの要素はこの世界から排除される。資本主義には言語が邪魔なのだ。言語が人間性と不可分であるという仮説を受け入れるなら、資本主義は人間をオミットしたいのである。

だからこそ、資本主義は環境危機の技術的解決にかくも固執するのであり、激化し拡大する人類文明の進化の諸問題を解決するに、究極的には技術以外あてにしないのである。終始一貫、資本主義は言語なしで、つまり人間なしで済ませ、あとは操作を機械任せにすることを思い描いているのだ。資本主義的目的論では、機械と機械が、数字では表わせない人間の

アンドレ・ルロワ-グールアン：フランスの人類学者、考古学者、歴史学者（一九一一〜一九八六）。テクノロジーと文化について哲学的に考察した。中国語、ロシア語に堪能で人類博物館勤務時代、一九三九年には日本に派遣されている。『人間と物質』、『場と技術』、『しぐさと言葉』などの著作がある。

言葉のニュアンスを、0と1の最小単位を使ったイエスかノーで表現するという数列によるデジタル言語で会話するらしい。言語表現とは自由なもので、合理性の枠内に収まりはしない。それは、決して疲れを知らぬ反逆精神をつねに孕んでいるからである。

第三章　緑の経済成長の幻想

プリピャチ（訳注）は、現代世界最大のゴーストタウンだ。一九八六年四月二十六日には人口四万七〇〇〇人を数えていた。今は誰もいない。しかし、建物や住宅はポンペイの遺跡のように今でも元のままである。地球上でも最も珍しい場所の一つ、プリピャチはすっかり忘れられた存在だ。

町の入り口に遮断機があり、警察のグリーンのバラック、猫が一匹。町は金網で囲まれ、住んでいるのは亡霊だ。五、六階建てのビルが並ぶ大通りを行くと、文化センターがそびえる中央広場に出る。窓ガラスはないが、それ以外は完璧ですぐにでも使用できそうである。日差しを浴び、春のにわか雨にうたれた割にはほとんど色褪せておらず、新築同様だ。

レーニン広場の放置されたバラに花が咲いている。草がコンクリートを押しのけ、セメントを突き破り、雑草が敷石の境目を押し広げている。広場をぐるりと廻ると何本かの大通りに出る。その先にはバンパー・カー遊技場がある。ソ連では滅多に見られないこの娯楽施設は、職員とその家族が住んでいた町から一キロのところにあった世界最大の原子力発電所、チェルノブイリの勇敢なパイオニアたちへのご褒美だったわけだ。バンパー・カー遊技場は、一九八六年五月一日にオープンの予定であった。

車も人もいないこの町では、沈黙の生活のさざめきと、鳥の声と、地下室の空気孔に流れ込む水の音が聞こえてくるだけだ。

たとえば、元ポリシア・ホテルだった建物に入ってみる。床にはコップや窓ガラスの破片が積もり、貼りボテの天井が剥がれて露出したコンクリートに水滴が付着し、床に崩れ落ちる時を静かに待っている。錆びた鉄筋。剥げたペンキ。九階のテラスには木が生えている。そこから原発がよく見える。

空っぽのプリピャチには不思議な生活の名残りがあり、いかにもソ連の都市独特の整然とした佇まいを想起させる。すべてがあまりにも生々しく、誰かが窓辺でのんびりと頬杖をついている情景にいつでも出会えそうな感じがする。

保育園は胸を打つ。壁にはモノクロの写真が貼られたままだ。タイツ姿の子供たちが女の先生に習って体を動かしている体操のクラスの風景である。奥の方には、ペンキで書いた「レーニンが言ったように生きること、そして働くこと」といったスローガンが読み取れる。ぬいぐるみ、書類やポスター、余った教科書、人形、靴などが床に散乱している。小さな椅子がそこかしこ、ある部屋にはベッドが並べてある。紙類には水が滲み、時の経過で色褪せ

プリピャチ：チェルノブイリ原発の従業員居住地用に一九七〇年に建設されたウクライナ北部の機密都市。病院、文化センター、公園などの施設があった。一九八六年の事故以後ゴーストタウンになった。

てはいるが、まだ生活が満ちている。まるで、子供たちが突然姿を消したみたいだ。大惨事の現実がこれほど痛切に伝わってくる場所は他にない。（原注1）

チェルノブイリでは想像をたくましくする必要がある。恐ろしさは目に見えないし、放射能は触って分かるものではないからだ。放射能を意味する標識だけが有害物の存在を示す。ガイガーカウンターで存在が証明される目に見えない危険が立入り禁止地帯、各種の倉庫、雪をかぶった塚などの空間を覆っているのだ。

発電所はと言えば、それは巨大な光った塊の巨大建造物というか、はたまた不意の霊廟というか、遠い昔の忘れ去られた信仰が残した墳墓のように、葬られた恐怖を呼び覚ます。

ベラルーシの南の大都市ゴメリの美しい公園では、春の息吹がいっせいに開花し、穏やかな夕べが訪れる。手をつないで散歩する臍出しTシャツのベラルーシ娘たち、楽しそうにビールを飲むショートパンツ姿の青年たち、ギターを弾き、恋人たちが口づけし、子供らが駆け回り、川の対岸には夕日を浴びる人たちがいる。だが、春の季節の魅力とは裏腹に、ゴメリはじわじわと衰弱している。チェルノブイリから三〇キロの距離にある町はウクライナの原発事故による死の灰に汚染された地帯の端にある。放射能は、ゴメリをはじめベラルーシの南部全体を汚染し続けている。地表で、一平方メートルあたり三万七〇〇〇ベクレル（訳注）以上の放射能が観測される汚染地域に一五〇万人が生活している。

ディミトリーは友だちと学校から戻ると、ゴメリの北三〇キロのボーダ・コチェレヴォの近くの村にある家に見学者を連れて行く。緑の田園地帯、静かな家並み、自転車が土埃を立てて土手を行く。ディミトリーは大きな黒い瞳をし、血色の良い顔をしているが、健康は汚染地域にいる何千人もの子供たちと同様、すぐれない。家の前に広がる野菜畑の入り口に立って、母親のスヴェトラーナが息子の病状を説明する。手足がひっきりなしに硬直する、低すぎる血圧、頻繁に起きる腹痛。息子は横でぼんやり聞いている。

ゴメリの病院長、ヴィアチェスラフ・ヤコフスキーは、キャベツスープの匂いが漂う院長室で言った。

「発病する子供たちの数が増える一方です。生まれつき内臓の形質に異常がある新生児の数は非常に多い。一九九五年には、ゴメリ地方の新生児二万八〇〇〇人の内二八〇人に異常が見られました。それに対して二〇〇〇年には一万四〇〇〇人中八〇〇人に増えています。

ベクレル：放射能の量を表わす単位。記号はBq。一ベクレルは一秒間に一つの原子核が崩壊して放つ放射能の量。ウランの放射能発見者でノーベル物理学賞受賞者、フランスの物理学者アンリ・ベクレルに因む。

これが放射能と関係があるとは一概には言えません。だが、奇形児が最も汚染された地域で生まれていることは数字が物語っています」

もちろん、いつまでもチェルノブイリのことばかり語っていても仕方がない。ヴィアチェスラフ・ヤコフスキーが続ける。

「さもなきゃ、みんな頭がおかしくなりますからね。しかし、畑でジャガイモを作り、川で魚を獲り、夏には森で葡萄を採っている村々の普段の生活でも、その影響は常に出ています」

放射性セシウムが口から入る経路はあまりにも多い。

経済は落ち目で、企業は定着しない。農業は発展せず、作物が放射能を含む疑いは消えない。

奇妙な時代だ。原子力エネルギーのことがこんなにも語られたことはない。チェルノブイリが単なる歴史の一事件で、進歩の過程でたまたま落下してきた彗星の火の玉にすぎなかったかのように、まるで原子力エネルギーは安全なものだとでも言いたげに、このおしゃべりはとどまる所を知らない。

私の国フランスにある五〇基の原子炉の一つが壊れ、数十平方キロ、いや数百平方キロメートルの地域が何十年にもわたって住めなくなるようなことを想像しただけでぞっとする。指導者がいくら恥しらずのだんまりを決め込もうとも、事故は起こり得るのだ。近年、間一髪、本当に大変な事態になりそうなことが原発でたびたび起きている。一九九九年、フランスのルブレイエ発電所が洪水にみまわれ、安全非常用所内用水系が使用不可能になった。(訳注)(原注2)二〇〇六年七月二十五日、スウェーデンのフォルスマルク原発の機能が停止する事故があった。(訳注)当発電所の元責任者、ラルス・オロフ・ヘグルンドは語っている。「炉心が融解しなかったのは幸運としか言いようがない。大惨事になっていたかもしれな

ルブレイエ発電所の洪水：《一九九九年十二月二十七、二十八日の夜半にかけて、フランス、ジロンド県周辺はかつてない悪天候にみまわれ高波がジロンド川を逆流し、ルブレイエ発電所の特に一号機と二号機の設備が冠水した。この結果、同夜半に両機は停止され蒸気発生器で除熱・冷却され残留熱除去系は待機状態にあった。両機は、外部の送配電系統が回復し外部電源と開閉器を含む電源系、非常用所内用水系（Essential Service Water）が使用可能となり、また安全注入系と格納容器スプレー系のうちの一系統が修理され、作動可能となるまで停止されていた。》（参考資料：資源エネルギー庁トラブル情報データベース）

フォルスマルク原発事故：《二〇〇六年七月二十五日発生。原子炉が接続される開閉所において解列器が開いたことにより、アークが生じ二相短絡が発生した。発電機母線の電圧は通常電圧の約五〇％まで低下したため、原子炉はグリッドから解列され、発電機が励起し発電機母線の電圧が約一二〇パーセントまで上昇した。この過電圧で四台の無停電電源インバータ二台がトリップした。約三〇秒後、タービン発電機が二基とも所内単独運転を停止したが、この時、四台の非常用ディーゼル発電機のうちの二台が期待通りに起動しなかった。（中略）電源が喪失したことにより多くの表示と指示が喪失したため、制御室職員はプラントを適切に監視するのが困難な状態となった。実際に冷却材喪失事故は起こらず、原子炉に関連する他の安全上の問題もなく、また、炉心冷却能は適切であったため、本事象はレベル1と分類される。》（参考資料：日本原子力研究開発機構安全研究センター）

い」(原注3)

二〇〇七年七月十六日、日本の柏崎刈羽原発は大地震の影響で、主として冷却水の漏洩があった。(訳注)後にこの原子炉は停止された。

これらの事故は、原子力発電の安全性において評判の高い三ヵ国で起きたものだ。とうとう、大事故が起こる可能性が正式に考慮されることになった。フランスは二〇〇七年に「CODIRPA＝原子力事故あるいは放射線緊急事態の事故発生後段階の管理に関する運営委員会」を設置した。この委員会は、例えば「公的権力が、住民の避難を考慮するような場合に受け入れられる許容人数の実際、当該地域の地位規定は明確にされなければならない」などといった「予測を必要とする問題」について検討を開始した。――住民の避難とは、単なる勧告のレベルなのか、絶対的な滞在禁止令なのか？――避難が強制的だと仮定すれば、当該地域での滞在禁止にいかに確実に従わせるのか？(原注4)「CODIRPAの委員が指摘するように、「何世紀にも何十世紀にもわたって一定の地域が犠牲になるなど理解に苦しむ」(原注5)。

「未来のエネルギー」、汚染された発想

次世代の未来をそれこそ担保に入れるような作為的方法が「未来のエネルギー」などと称

して提案されているのには驚く。昨今のオリガルキーの道義的無責任さほどひどい病状はない。

マルコム・ウィックスは頭が良くて気持ちのいい人物だ。二〇〇八年のはじめ、彼はイギリスのエネルギー大臣だった。私は、この国の核の遺産についてのルポルタージュの取材で彼に会った。イギリスは、一九五〇年代から北西部のセラフィールド（訳注）に使用済みの、それも大量の核燃料廃棄物を集めたが、今もその処理に困っている。それでも、原子炉を新設したいことに変わりはない。マルコム・ウィックスに質問した。

「これまで産み出された廃棄物の解決策がないのに、どうやって新しい原子炉の計画を立てるのですか？」

柏崎刈羽原発事故：二〇〇七年七月十六日　新潟県中越沖地震に伴う東京電力柏崎刈羽原子力発電所での一連の事故。同日発生した新潟県中越沖地震により、外部電源用の油冷式変圧器が火災を起こし、微量の放射性物質の漏洩が検出された。なお、この地震により発生した火災は柏崎刈羽原子力発電所一ヵ所のみであるとされる。また、震災後の高波によって敷地内が冠水、このため使用済み燃料棒プールの冷却水が一部流失している。この事故により柏崎刈羽原子力発電所は全面停止を余儀なくされた。二〇〇七年十一月十三日、経済産業省原子力安全・保安院はこの事故をレベル0－と評価した。

セラフィールド：イギリスのカンブリア地方、セラフィールドにある英核燃料会社（ＢＮＦＬ）のプルトニウムの再処理工場。プルトニウム生産炉一号基が一九五七年に大火災を起こし、五十年近くたった今日も高放射能汚染ゆえに解体が遅れている。

答は、解決策が一つあるということであった。そのためには、非常に緻密で複雑なプロセスをふむ。新しい原子炉は二〇一七年に操業できるというのが楽観的な見方だが、慎重派は二〇二〇年としている。これは四十年から五十年稼動するそうである。だから、再処理燃料問題を解決する時間はある、と。

「では、問題を次世代に押しつけるわけですか?」

「いいえ。お分かりになっていない。労働党政権は解決策を見つける必要があると言ったのです。すべてはこのプロセスに盛り込まれています」

彼は、数千年にわたって放射能廃棄物の搬入を受け入れることを地域社会に対して要請する内容を「プロセス」と表現し、そしてこう言った。

「よろしい。われわれにこれといった解決策はありますか? いや、ありません。だが、解決策が見つかるのだという自信を持たなくては。五十年か六十年のうちに廃棄物で動く、そうです、新型原子炉の開発計画を開始するのは間違ってないでしょう(原注6)」

五十年後、私たちの孫が言うだろう。

「ありがとう、おじいちゃん。すばらしいプレゼントだよ!」

原子力ロビイストが信じ込ませようとしているのとは正反対に、放射能廃棄物の行き先をめぐる問題を解決した国は世界のどこにも無い。世界中駆けずり回って、念仏みたいに「未来のエネルギー」を持ち上げまくっている人が大統領をしているフランスでもその点は変わらない。産業界は、住民の反対と、大量の放射能廃棄物を永久に埋設する場合の技術的不安定さが大きいにもかかわらず、ビュール（ロレーヌ地方ミューズ県）に地層処分場を押しつけようとしている。エリートたちの原子力への情熱のなせる業で、この国は世界に類のない混迷状況にがんじがらめになってしまった。フランスは、原子炉から出た使用済み燃料を再処理する方法を選択した。この選択は、より放射性の強い廃棄物の量を大きく減らしたが、とくにプルトニウムを取り出すことで各種の物質を増やす結果になった。(訳注) しかしながら、この方式は採算が合わないことから核燃料のすべてが再処理されてはおらず、フランスでは再処理およびプルトニウムによる高放射性廃棄物に加えて、すべて放射性を有している、より温度の低い使用済み燃料がまだ大量に手元に残っている。おまけに、フランスはプルトニウムとウラニウムの混合燃料ＭＯＸ(訳注)を開発している。これは原子炉で使用済みであるがまだ高温で、他の核燃料より放射性が強い。このように、フランスには異なる三つのカテゴリーの危

再処理：ウランは原子炉で核分裂すると別の元素に転換し、さらにアルファ崩壊やベータ崩壊による核種変換でモリブデン、テクネチウム、ルテニウム、パラジウム、ジルコニウム等の物質に変化する。これらが多量の放射性物質を放出するため、再処理工場では原発よりはるかに厳重な放射線管理が必要となる。

険な廃棄物があるが、それぞれに固有の技術的対応が求められている。そして、まだどれ一つ発見されていないのだ。

廃棄物は世界のどこにも行き場所が無く、原子力関係者は各国の核廃棄物を住民の抗議が起きないような場所に貯蔵する構想を抱いている。例えば地層処分場がないロシアでは、使用済み核燃料をシベリアのクラスノヤルスク（訳注）に保管している。アジアでは中国の砂漠だ（訳注）。自分たちがどんなことをされているかを知り、それについて議論する可能性が市民に存する国は存在する。その可能性は、みんな知っているようにとてつもなく大きい。

核廃棄物は解決できない道義的問題を孕んでいる。わずか二、三世代の人々の幸福のためでしかない有毒物を、何千年もの未来の何百世代もの人々に、一体誰の名において遺贈するというのか。

気候変動を抑える原子力の欺瞞

原子力エネルギーを世界の各地におすすめ行商しているセールスマンは、目下核兵器の拡散のために奮闘中だ。その事実は、西洋の主たる軍隊の司令官たち——今は引退している——が記録している。ＮＡＴＯ本部への報告書で、二〇〇八年「民間使用を目的とした核エネルギーの相当な増加は（中略）多くの部分の安全を脅かすであろう。民間使用の必要を超えてウランを濃縮し、そこから生じるプルトニウムを分離することへの誘惑は確実に強まり、核不拡散条約を弱体化させるだろう」と書いている。[原注7]

これら軍事的最高権威の目から見れば、核開発は不可避的に核拡散に結びつくものだ。核開発の推進者が、強く疎外されることはイラン問題[訳注]を見れば明らかである。これを知らなければ問題が理解できないという技術的核心を再確認しよう。大部分の原子炉は、それを

ＭＯＸ：プルトニウムは容易に核兵器に転用可能なため、それのみを所有することは核拡散防止条約で禁止されている。そのためプルトニウムとウランを混ぜた溶液を作り、これをマイクロ波で脱硝酸して酸化物ＭＯＸとして保管している。

クラスノヤルスク：鉱山化学コンビナートがクラスノヤルスク市ゼレズノゴルスクに再処理のためのラインを建設中だが工事は中断されている。他に、チェリャビンスクに商業目的の再処理ラインがある。

中国の砂漠：中国における地層処分では現在、サイト選定作業がほぼ西北地域に集中し、極めて有望なサイトとして考えられている甘粛省北山およびその周辺区域においてボーリング調査を含むサイト調査が行なわれている。

イラン問題：二〇〇六年四月、アフマディー・ネジャード大統領はイランが核燃料サイクルに適合するウランの精製に成功した、と発表。同七月、国連安保理はイランに決議一六九六を採択し「イランが研究、開発などすべてのウラン濃縮、再処理活動を中止し、ＩＡＥＡの検証を受けること」を要求。同十一月、イランは「完全な核燃料サイクル技術を獲得した」と発表。二〇〇八年、ＩＡＥＡによって低濃縮ウラン約四八〇キロが製造済み、およびウラン濃縮装置「カスケード」設置によるウラン濃縮の継続・拡大が報告された。

機能させるためにウランの濃度が一定程度高い「濃縮」ウラン（訳注）を必要とする。濃縮ウランがなければ、原子炉は使えない。よって、主要核保有国が濃縮ウラン自給能力の確保を追求したのは当然のことである。また、原子力エネルギーの利用を望む新興大国がウラン濃縮工場の所有を望むのも同じく当然の話である。イランの場合がそれだ。しかし、高濃縮ウランが原子爆弾の製造を可能にすることから、ウラン濃縮工場イコール原子爆弾、という意味になるのである。

したがって西欧諸国は、イランにこのウラン濃縮能力を放棄させたい。つまり、原子力が核拡散の主要因であることが明白なのだ。だがどんな口実で、新興国が自力でウランを濃縮する権利を否定するのであろうか？

事故、廃棄物、核拡散。それでも……原子力は炭酸ガスを排出しない。

それは正しい。それでは、ここで考えよう。

二〇〇七年末の時点で、世界には四三六基の原子炉が稼動し、三五二ギガワットの電力量を生み出す能力があった。この発電能力は一九九〇年以来変わらずで、世界の電力生産の一六パーセントしか確保していない。フリーランス・エキスパートのアントニー・フロガットとマイクル・シュナイダー（訳注）は、国際エネルギー機関、アメリカ合衆国エネルギー省、ＩＡＥＡ（国際原子力機関）、ＩＰＣＣ（気候変動に関する政府間パネル）がそれぞれ作成した、今から二〇三〇年までの発電能力の増加予測資料を収集した。(原注8) それによると、最も多めの原子力発電量の予測は八三三ギガワットで、これは現在の総発電量の二・四倍に相当し、全期間内で約六一〇基、年間にして二五基の原子炉を設置する計算になる。これは、一九九〇年から二〇〇五年の間に毎年設置された原子炉の台数の正確に一七倍に相当する。(原注9) おそらく、この数字は達成できない。理由は簡単だ。数百万ドルもかかる核廃棄物管理費用を現状のままに据え置いたとしても、原子力発電への設備投資は非常に高額である――原子炉一基につき五〇億から一二〇億ドル（四〇〇〇億から一兆円）とウォールストリート・ジャーナルははじく――。(原注10)

この六一〇基という仮説は二酸化炭素ガスの排出にどのような意味を持つのか？　原子力エネルギーの熱心な弁護者である国際エネルギー機関の計算によると、年間三〇ギガワットの稼働率で、二〇五〇年にはガスの発生を……六パーセント減らすことができる。(原注11)

濃縮ウラン：ウラン濃縮でウラン235の濃度を高めたもの。ウラン235の濃度が天然ウラン（〇・七パーセント）以下は「減損ウラン（劣化ウラン）」、〇・七パーセント以上、二〇パーセント以下を「低濃縮ウラン」、二〇パーセント以上を「高濃縮ウラン」と言う。

アントニー・フロガットとマイクル・シュナイダー：アントニー・フロガットはイギリスのチャタム・ハウスの上級研究員。二十年以上、世界のエネルギーと気候問題を研究、企業、各国政府、メディア、NGOなどに情報を提供している。マイクル・シュナイダーはパリをベースに、フランス、ベルギー、ドイツなど欧州諸国の原子力エネルギー問題アドバイザーを務める。両者の共著に『脱原発への道』がある。

割に合うとは言えない。

私が原子力の事例にこだわっているのは、資本主義が気候変動を扱うやり方がそこに表われているからだ。それは基本的に、一面的な論理性――《これで温室効果ガスは排出しない、という奇跡的な解決策》――に依拠しつつ、避けがたいものとしてのエネルギー需要の世界的増加を口実に、決定的経済ファンダメンタルズを変えずに現在の経済システムを永続化させることができる、と信じ込ませる。私は、ジャーナリストの業から追いかけた「解決」についての興味ある取材をふまえて、この論理性を解き明かした。以下に、その経緯を述べさせていただく。

うそぶく風

みんなと同じように、私も風力エネルギーにはメリットがあるとすっかり思い込まされていた。しかし、以前から知己のある、ゆるぎのない信念を持ったあるエコロジストが鳴らした警鐘をきっかけに私は疑いを抱きはじめた。当時、アルデッシュ渓谷自然公園の園長をしていたイヴ・ヴェリラックが、二〇〇四年に発表した記事で、いかに風力タービンが景観を無視して田園地帯に増加しているかを紹介していた。彼はこう書いていた。

「浪費と過剰の領域に位置づけられた再生可能エネルギーに競争力はない。大海に小石ほどの意味でしかない。一貫性を持った政策の欠如から、風力発電は当初のメリットを失った」(原注12)。それからすぐ、私はマシフ・サントラル（中央山塊）の南にある、私もよく知っていて、住宅スプロール化やその他現代文明の人工的建造物の洗礼からまだなんとか免れている稀有な地域に、雨後の筍のように風力発電プロジェクトが激増するのを見た。この美しい地方の、山の尾根から尾根、丘という丘がすべて風力タービンだらけになろうとしていたが――二〇〇九年の今もそれは変わらない――他にも、木材、地熱、あるいは太陽など相対的にエネルギー低消費で魅力ある再生可能エネルギーはある。この広がりは、エコロジーの旗印の下に展開された。だが、何かピンと来なかった。

私は調査を開始した。この時ほど、いっぱいご馳走を食べたことはなかった。私を招待した風力発電企業は、シャンゼリゼ界隈のレストランを贔屓にしていた。再生可能エネルギー事業連合会には、一六区のお城の中にある特権階級専用の会員制クラブ〝セント・ジェームズ〟に案内された。居心地の良い書斎で、楽しいひと時を過ごさせていただいた。忘れられた過疎地で平和に暮らすプロヴァンスの奥も訪れ、風力発電で転がりこんでくる法人税収入を欲しがる村長さんたちにも会いに行った。いかにも反核主義者のファナティックなエコロジストはそこいら中に風力発電を持ち込みたがり、農家は一〇〇メートルを超える高さの柱が畑の傍らに突然出現して、音はうるさい、風景は壊れる、といった次第となり、地域住民はこの「工業風力発電」なる侵入者に心底から震え上がっていたのだが、一般市民は高速道路やＴＧＶから見える風力タービンの眺めを美しいと思い、ほほえましく見守っていたわけである。要するに、フランス深奥部の知られざる矛盾の風景だ。

多くの事実が見えてきた。最初、風力タービンは都市空間から遠く離れたまだ希少な平野部に設置されようとした。視界距離の関係、また設置面積や必要な交通手段の関係から、風力タービンは広大な地域を占領し、田園地帯を徐々に侵食した。景観、生物多様性、静かなこと、ある種のエコロジー主義がこうした価値を完全に忘れていることが分かった。そして、石炭や原子力で電力を生産している大企業がどれも、その他の技術への投資を継続しつつ、風力発電に投資していることを確認した。Ａｒｅｖａ(訳注)、Ｓｕｅｚ(訳注)、ＥＤＦ(訳注)、Ｅｎｄｅｓａ(訳注)、Ｅ・ＯＮ(訳注)、Ｅｎｅｌ(訳注)などである。そして、これらの企業にとっては、エネルギー産業の利潤追求モデルとして何ら違いはなく、展開する大企業間の競争でチャンスをつかむことしかない。至上命令は、生産、のひと言である。

さてここで、ブーン・ピッケンズ氏(訳注)の登場である。この人物は、世界最大の風力発電会社――タービン二〇〇〇基、面積一〇万ヘクタール――をテキサス州に建設する意向を発表した。親愛なるブーン・ピッケンズさん！　ヘッジファンド会社、ＢＰキャピタルマネージメ

Areva：アレヴァはフランスに本社を置き、フランス、ドイツを拠点とする世界最大の原子力産業複合企業。原子炉プラント製造企業のフラマトム社が、独シーメンス社原子力部門を買収し、コジュマ社と共同持株会社を設立し、原子力部門、原子燃料部門、送電設備部門を傘下に持つ複合企業になった。

スエズ：GDFスエズ社のこと。フランスに基盤を置く電気・ガス企業。売上高、世界第二位。二〇〇八年、フランスガス公社とスエズの合併により成立した。

EDF：フランス電力公社。二〇〇四年に民営化された世界最大級の電力会社。一九七三年のオイルショックを契機に原子力開発を推進、原子力発電所の建設・運転を独占。他国の電力会社の株式を買収し、ヨーロッパ、中国、ベトナム、アメリカ、南米、アフリカなどの電力会社を傘下に置く多国籍企業。

Endesa：エンデサはスペイン最大の電力会社で、ガス事業・水道事業も併行し、天然ガス会社や通信事業会社も傘下におく。原子力、火力、水力発電により電力を供給し、イタリア、フランス、ポルトガル、モロッコ、チリ、アルゼンチン、コロンビア、ペルー、ブラジル、ドミニカ共和国でも電力事業を行なう。

E・ON：エーオンはドイツを代表するエネルギー企業。ヨーロッパ最大級の公益事業運営企業で、世界最大の民営エネルギー供給会社。多数の原子力・火力・水力発電所を運営するほか、スウェーデンのシドクラフト社やイギリスのパワージェン社を買収した。ロシアにも進出し、天然ガス大手ガスプロムの株を取得。アメリカでは、ケンタッキー州ルイビルの**LG&E Energy**を買収し、エーオン・US（**E.ON U.S.**）にした。

Enel：エネルはイタリアの大手電力・エネルギー会社。発電・送電・配電部門でイタリア国内で独占的なシェアを持つ。フランスやスロバキアの原子力発電所建設や欧州加圧水型炉開発に投資している。地熱発電の経験豊富で、国内外で多くの地熱発電所を運転している。太陽光発電所の建設も進めている。スロベニア、ギリシャ、フランス、ベルギー、トルコ、ブルガリア、ロシア、アメリカ合衆国、カナダ、チリ、パナマ、コスタリカ、ニカラグア、エルサルバドル、グアテマラ、ブラジルなどの発電所を運営している。

ブーン・ピッケンズ：アメリカの金融業者。企業のM&Aが専門のBPキャピタル・マネージメント会長。資産一兆四〇〇〇万ドル（約一一〇兆円）。オイルピーク説に従って、原子力、天然ガスなどの代替エネルギー産業を進め、クリーンエナジー社を設立し、天然ガス供給を展開している。

ントの会長が、三年前にわずか一年で一〇〇兆円余りを稼いだのには驚かされた。(原注13) 私は次第に、地球の未来は信頼できる人の手にゆだねられているように思った。あの、シューマッハー(訳注)の一九七〇年代の環境保護主義者のバイブル、『スモール・イズ・ビューティフル』などとは全然話が違う。(原注14)

そこでもう一度資料を見直した。二〇〇四年から二〇〇五年の間のフランスの電力消費量の増加分の二パーセントをカバーするのに、単純計算で出力二メガワットの風力タービンが約二〇〇〇基必要である。(原注15) これこそクリーンエネルギーだ、とかまびすしいのをよそ目にフランスは、世論には事態は良い方向に進んでいると信じさせながら、新型原子炉をフラマンヴィル（マンシュ県）に設置し、一万メガワットの電力生産が可能な天然ガスと重油と石炭の火力発電所の建設を計画していたことが分かったのだ！(原注16)

事情は、ヨーロッパレベルでも同じだった。(原注17) 年間電力消費が二パーセント上昇し、石炭火力発電所を四〇ヵ所、今から二〇一二年までに新設する計画である。(原注18)

結局、風力発電の先端を行くドイツとスペインで、炭酸ガスの排出量が大して減少していないことが判明した。(原注19) 正確には、国民一人当たりエネルギー起源排出量は、二〇〇〇年から二〇〇五年の間にドイツでは一・二パーセント、スペインでは一〇・四パーセント増加していたのである。デンマークだけが減少させることに成功（マイナス一一パーセント）しているが、この国は真剣に省エネに取り組んでいる。

さて決算は？　風力発電はエネルギー状況を変革できない。この逆説をどう説明すればいいのだろう。

資本主義は気候変動への対応策としてではなく、利潤を得るために風力発電を位置づけており、環境改善の追求は付け足しだ。現実的には、西欧諸国が関与するあらゆる種類の電力生産施設の建設ラッシュに一枚加わることしかやっていないのだ。これが、電力消費の増加は避けがたいという、目に見えぬドグマを生む。たとえばフランスでは、ＲＴＥ（フランス電力送電系統管理部門）は電力消費が二〇一〇年まで一・七パーセント上昇し、それ以降は毎年一・二パーセント上昇することを確実視している。これまでの傾向を普遍化し、真剣な電力消費削減策を事実上排除しているわけだ。この観点に立つと、再生可能エネルギーの開発など、変化のない政策のエコロジー的アリバイ作りと、環境破壊者資本主義の後ろ盾の役にしか立っていないのである。

シューマッハー：Ｅ・Ｆ・Schumacher（一九一一〜一九七七）。世界的に影響を与えたドイツ人経済学者。一九七三年に著わした『スモールイズビューティフル』は戦後最大のベストセラーの一冊と言われる。『混迷の時代を超えて――人間復興の哲学』（小島慶三・斎藤志郎訳、一九七七年、佑学社刊）で物質的科学至上主義を批判した。

自動車のための森

それは戦いの、大自然との戦いの後の風景である。土は掘り返され、木の株は黒焦げになり、泥水が溜り、大地は窪地に棕櫚《しゅろ》の新芽しか生えていない砂漠と化している。鳥の鳴き声一つ聞こえない、風も吹かない暑苦しい空気に包まれて、灰色の空の下を進む。黄土の道に沿った水路の水は滞ったままだ。右前方遠くで、ブルドーザーらしき機械が、災害現場のゴキブリのようにうごめいている。前方数キロ先に黒っぽい細長いカーテンのようなものが見えるが、荒地を進むにつれて何であるかが分かる。森だ。楽しくないウォーキング、陰気なハイキングの末、森にたどり着く。強烈な植生の乱舞だ。しかし、つい最近まで大地を覆っていた森は、まるでカミソリで切られたように、生と死の境界線で分かたれ、突然干からびたカーペットになる。

樹木、羊歯、ひっくり返った木の株、固い棘のある茨がこれ以上の前進を阻む。原生林の中は、明るいことは明るいが――林冠(訳注)に覆いつくされているわけではない――さすが評判にたがわず、入るのは大変そうだ。やっとの思いで数メートル前進したところで、それまで黙っていた案内役の村人が突如口を開き、速射砲のように樹木の説明を始めた。これがメダング、この木材は家具を作るのに使います。これは、ジェルトゥング。赤いゴムが採れます。これはケンパス。とても固い木で住宅の基礎材に使います。このとても背の高い木は、シアラング。この木の花の蜂蜜は大変美味しい。まだまだありますよ。シンポ、メランティ、ベンクー……。果実に昆虫に鳥類に、シカにイノシシにトラまで――「つい最近も一頭捕獲しましたよ」――それから、たくさんいるらしいサル、と生物図鑑のような話が続きそうだった。

ここはクアラ・セナク、インドネシアのスマトラ島リアウ地方インドラギリ・フル群レンガット村から四〇キロのところだ。世界の果てと言ってもいい。しかし、ここでは人間と森との、文明人と野蛮人との間の、先祖伝来の戦いが今も繰り広げられている。ただしこんにちでは、立場が逆転している。野蛮人とは、村人が日々の暮らしを営み、生活手段を得ていた森を削り取った連中である。「よく籐蔓《ふじづる》やゴムや果実を採って、食べたり売ったりしたものです」とガイドのパク・ヒタムは言う。「それから、川で魚を採って週に二〇〇万ルピー（約一万七〇〇〇円）にはなりました。それが、企業がやって来て、木を切り、運河を掘り始めてからは変わってしまいました。森は、今では村から遠すぎるし、川に流れた農薬のせいで魚

林冠：森林の一番上の面の枝葉が密集した、太陽光線を直接に受ける部分。光合成を行なう葉が広がると下側では光が少なくなり植物は高く伸びて上に葉を広げようとする。最も光合成、物質生産が盛んな層。

もいなくなりました」。

闘争は一九九〇年代に遡る。インドラギリ川沿いに生活する村人らは、手当たり次第に木を伐採する国営企業インフタニとの闘いを余儀なくされた。国に森林開発制度を変えさせるために何度も抗議行動を起こさねばならなかった。

「でも、一難去ってまた一難でした」

クアラ・セナク村の村長、ムルシイド・M・アリは言う。二〇〇四年に、ドゥタ・パルマという別の会社が、パーム油用アブラヤシ(訳注)のプランテーション開墾の正式許可証をひらひらさせながら乗り込んで来た。彼らは森を伐採し、アブラヤシの苗を植え始めた。スマトラ島では、不動産所有資格の制度がなく、地方自治体の許可を得るには取得が簡単な慣習法資格で足りる。ドゥタ・パルマの子会社のBBU社とBAY社は、最も遠隔地の森を焼いて荒地にしたが、村人が生活に利用していた森まで焼いた。

地質が泥炭層のため、火は何週間も燃え続けた。煙で村が真っ暗になり、煤がバイクの運転者の目に入り、子供の喉がやられた。何度も抗議行動を起こしたが何も変わらなかった。村民は、権力に見放された人々の宿命論から、会社の事業が終わるのを期待するだけだ。

知られざる世界の片隅で、面積一〇〇平方キロメートルの熱帯雨林が破壊された。取るに足らない物語だ。しかし、他に十数ヵ所の地方がある中で、スイスほど広いリアウ地方は、かってスマトラ全島を覆いつくしていた天然の熱帯雨林の一端なのだ。ここ三十年来、インドネシアとマレーシアで増加してきたアブラヤシのプランテーションがここに目をつけた。両国のパーム油の生産高は、一九七六年の約五〇〇万トンから二〇〇六年の三四〇〇万トンに増えた。アブラヤシ（学名 *Elaeis guineensis*）は非常に効率の高いエネルギー資源で、食糧改革を図るアジアの新興国では評価の高い油脂を供給する。数年来、新たな刺激的要素が出現した。パーム油は良質のバイオ燃料で、ヨーロッパ、中国、インドが利用したがっている。需要はきわめて多く、現在ではアブラヤシはボルネオとパプアニューギニアで植林されている。また、クアラ・セナクではドゥタ・パルマ社が継続して操業している。

原生林全体がバイオ燃料の原料に場所を明け渡してしまった。植物を原料とするこの燃料は、代替燃料として石油による炭酸ガスの排出を避けるものと見なされている。全面的に議論の余地ありだが、この理屈はスマトラでは真っ赤なウソである。ここではアブラヤシを植

パーム油：ギニアアブラヤシから採る植物油。食用油、マーガリン、石鹸の原料の他にバイオディーゼル燃料として利用されている。ギニアアブラヤシ（学名 *Elaeis guineensis*）は果肉と種子から油脂が採れ、単位面積当たり得られる油脂の量は植物中屈指。一九〇〇年代初頭にスマトラ島とマレー半島に持ち込まれ主要産業となった。しかし、天然の熱帯雨林を焼き払って進められ、大きな環境破壊を招いている。

えるために森に火をつけて開墾し、地下の泥炭層を燃やす。泥炭には大量の炭素が集積しているため、燃えた泥炭は何度にもわたってこの地方を刺激臭のある分厚い雲で覆い、大気中に数百万トンの炭酸ガスを放出した。二〇〇七年発行の国連環境計画の研究では、泥炭のCO_2排出量は、年間三〇億トンにおよび、これは世界全体の排出量の一割で、森林伐採に関与する排出量を超えている。(原注20)

その三分の二が東南アジアから排出されている——つまり、インドネシアは世界第三位の温室効果ガス排出国ということになるのである。

パーム油は、バイオ燃料産業が喧伝するところの目的の逆を行く、最高にマンガ的なケースだ。二〇〇三年以降、専門家の報告はすべて、パーム油のもたらすエネルギー上、および環境上の利得はゼロもしくはマイナスであると結論づけている。エネルギー源として採算の合う(生産コストより多くのエネルギーを生む)ブラジルのサトウキビの栽培でさえアマゾン川流域の牧畜やその他の食糧栽培を圧迫しており、したがって森林の開墾を促す結果になっている。

食糧よりも燃料を補給するために多毛作の効く耕作地を動員することで、バイオ燃料は食糧危機に一役買っている。イギリスのNGO、オックスファム(訳注)は「バイオ燃料産業が一億人の命を脅かしている」と指摘している。(原注21)

国連人権委員会の食糧を得る権利に関する特別報告官、オリヴィエ・ド・シュッテール(訳注)に以下の品目の栽培が本当は何を意味するのかを要約してもらおう。

「セイヨウアブラナの栽培とパーム油は、インドネシアの森林を破壊し、アメリカのトウモロコシ収穫の四分の一は、市民の税金で圧力団体を潤すためだけに使われている」(原注22)

埋もれた夢

スタトイルハイドロ社の特別顧問、オラフ・コールスタッドはやや困惑気味だ。

「ええ、プラットフォームからCO_2を排出しています」

「どれくらいですか?」

オックスファム：第二次世界大戦下の一九四二年に英国のクエーカー教徒、社会活動家、オックスフォード大学関係者らが立ち上げた「オックスフォード飢餓救済委員会（Oxford Committee for Famine Relief）」が起源。六〇年代から世界中に支部が生まれ、九〇年代以降オックスファム・インターナショナルの協力者団体は三〇〇〇以上。食料や医療品の提供、自立のための機器の提供やフェアトレードの促進などにも取り組む。

オリヴィエ・ド・シュッテール：ベルギー人法律家、ルーヴェンキリスト教大学法学部教授。二〇〇八年から国連人権委員会の食糧を得る権利に関する特別報告官を務めている。

「正確な数字は分からない」

「年に九〇万トンですね」

安全責任者が口を挟む。

「ええ、その通りです。九〇万トン」

ここは、ノルウェー西海岸から二〇〇キロの沖合いの海上、スタトイルハイドロ社[訳注]のスライプナーA海底油田プラットフォームの上だ。この見事な建造物は、毎日海底から三九〇〇万立方メートルの天然ガスを採掘している。スライプナー一基だけで、EUの天然ガス輸入量の三パーセントを賄っている。[原注23]

しかし、スライプナーが注目を浴びることになったのはその生産量よりもむしろ、炭酸ガスの地中貯留のパイオニアだったことだ。炭素捕獲と貯留（CCS）の技術は、温室効果ガスの増加を止めるのに最も確実な方法の一つである。地下に数千年も閉じ込められていた二酸化炭素を大気と混ぜないようにする。スライプナーは、この生まれたばかりの技術が集中するメッカである。スタトイルハイドロでは、一九九六年から採掘した天然ガスに含まれている炭酸ガスを地中に再注入している。

それはどのようにして行なうのか？　スライプナー・ウエストのガス田の天然ガスはもともとCO_2含有量が高く、他の北海ガス田が二・五パーセントなのに対して九・五パーセントもある。他の水準まで下げるには、これは顧客の注文なのだが、過剰なCO_2を分離しなければならない。この分離は、二酸化炭素の分子を固定する特性があるアミン（訳注）という有機化合物のおかげで実現できる。

この段階で、炭酸ガスを北海の空の、じっと動かぬ灰色の雲に向けて放出すれば済む。しかし、一九九二年、ノルウェーは大気中に排出されるCO_2への課税を制定した。突如、炭酸ガスの地中貯留で採算が合うようになった。ガスを圧縮し、それを海底八〇〇メートルの地層に注入する。この方式で、毎年一〇〇万トンが埋められた。イギリス、デンマーク、フランス各国の地質学者が定期的に分析を行なった。そして、貯留には漏れがないとの結論を下した。

私はずっとこの有望なテクノロジーがどんなものか知りたいと思っていた。エコロジーの専門家にだって希望がなくては！　残念。すぐに、この方式の経済的限界が分かった。要するに、海底油田プラットフォームという大工場の操業に八〇メガワットの発電所が必要で、

スタトイルハイドロ社：ノルウェーの世界最大級の石油・ガス企業。一三ヵ国で石油・天然ガスの開発を、八ヵ国で石油を小売する。二〇〇一年に民営化されたが、ノルウェー政府が議決権の過半を保有し、経営権を支配している。
アミン：アンモニアの水素原子を炭化水素基で一つ以上置換した化合物の総称。

これが炭酸ガスを排出し、それに貯留ガスの圧縮のための電力、六メガワットが加わり、これもガスを排出する。その上、CO_2には灰色の空にオレンジ色の輝くトーチから放出する不純物も混ざっている。こうして、しめて九〇万トンの二酸化炭素が大気中に棄てられている。

スライプナーは一方でCO_2一〇〇万トンを貯留している。その一方で、CO_2九〇万トンを大気中に廃棄する。どうしてこれもすべて埋めないのか？　なぜならCO_2を捕獲するのは高くつくからである。天然ガスに含まれるCO_2を捕獲するのは顧客の要求をのむためには仕方のないことで、税金で帳尻を合わせている。逆に、プラットフォームの操業により排出されるCO_2の捕獲費用に比べると税金の方が安い。この分野のパイオニアを自認する企業ですらこういった事情である。

かくして、ＣＣＳへの好意的見解とは裏腹に、現実的な規模での実施例は非常に少ない。発電所向けに応用された場合、この技術は二割から四割余計に費用がかかるので、採用する企業はわずかだ。たとえこの技術が絶対的に割に合うものだとしても――CO_2が漏洩することはないのだろうか？――可能性は大変大きい。ノルウェーの環境団体ベローナ(訳注)は「もしこの技術の能力を完全に開発できれば、CO_2の排出量を二〇五〇年までに二四〇〇億トン抑えることができるであろう」と認めている。二〇五〇年には、排出量が現在の五分の一になる、ということである。(原注24)

ＥＵでは、二〇基の実験機の建設を考えている。つまり、CO_2捕獲設備と地下注入装置のある発電所二〇ヵ所だ。しかし、六〇億ユーロ（約七二〇〇億円）の投資が必要で、その金は作れていない。そして、二〇〇八年一月、アメリカはフューチャージェン計画（訳注）を中止した。あまりにも経費がかかるからである。通常の発電所より高くつく経費のせいで、民間業界は実験機には投資しないだろう。そして、この間に、石炭火力発電所は中国、インド、そして西欧で増えている。

汚れた黄金の国

小型セスナ機が滑走路を飛び立つ。空中で旋回し、座席から広大な森の波打つ緑のマント

ベローナ：ノルウェーの環境ＮＧＯ。一九八六年設立。直接的抗議行動をとることで知られる。オスロ本部をはじめ、ブリュッセル、ワシントン、サンクトペテルスブルグなどに支部を置く。多くのエンジニア、科学者、弁護士、ジャーナリストを擁する。

フューチャージェン計画：二〇〇三年ブッシュ大統領が打ち出した十年間で一〇〇億円という大規模予算のクリーンエネルギー発電プロジェクト。純酸素を用いて石炭をガス化燃焼し、得られた水素で発電すると同時に、CO_2を一〇〇パーセント分離回収して地下貯留する計画。日本も二〇億円の拠出と技術提供を行ない、見返りに技術をフィードバックする権利を得る予定だった。

と、そこをゆったり蛇行する川の流路が見えてくる。突如場面が変わる。もう樹木は無くなっていて、大地は丸裸だ。褐色の、剥き出しの広い荒地をブルドーザーやトラックが前進後退を繰り返しながら行き交っている。

これは広大な工場だ。大小の金属パイプ類が絡み合い、そこから煙突が突き出て、煙を天空に吐き出している。整地された地面には大きな黄色いプレート（硫黄の倉庫）や金色に反射する大きな池（汚水の貯水池）があちこちに点在し、白い長方形の箱（作業員宿舎）が並んでいて、さらに掘り返された地面と、工場と、汚れた池が続く。遠くに森が見え、所々が褐色になっており、いずれ森を冒すであろう癌腫瘍のようだ。

ここはサウジアラビア、おっと失礼、アルバータだ。アスファルト質のオイルサンドの状態の石油を一七四〇億バレル埋蔵するカナダ西部の州だ。カナダはこれで世界第二位の石油埋蔵量を有する国になった。第一位はサウジアラビアの二六〇〇億バレル、第三位がイランの一二六〇億バレル、次いでイラクの一一五〇億バレル、クウェートの九〇〇億バレルと続く。

石油価格の上昇で、北のかぼちゃがエネルギーの馬車に化けた。一バレル当り二〇ドルの原油価格だと、ビチューメンが滲みこんだ大量の砂を掘り、多大なエネルギーを使って砂から粘性の石油と水とに分離し、多くの化学物質で石油に転化する方法では経済的に限界がある。一バレル当り四〇ドルから、儲かるビジネスになった。そして、一バレル一〇〇ドルのラインを越えたとき、それは、先住民を除いては誰も気にかけなかった巨大な森林の塊から、石油メジャーが殺到する無尽蔵の宝庫に変貌した。

樹木にもビーバーにもムースにも関心がない人々が、黒い黄金に殺到するゴールドラッシュに胸躍らせる。もとは猟師の溜まり場で、それから十年ごとに倍に膨れ上がり、村になり、今や人口八万人の町になったフォートマクマレーが震源地だ。町の周辺は今も、これからもずっと工事現場であり続け、じわじわと森に迫って行く。開発工業地帯は建設機器の常設展示場の様相を呈していると言えよう。拡張工事中の高速道路には、鋼材や丸木材を積載した大型トラックが走り、ひっきりなしに小型トラックやピックアップが行き交っている。

掘削、建設、石油転換等の作業に携わる熟練労働力は決して十分にあるとは言えず、東ヨーロッパの貧困地域出身の労働力を主体に、カナダ中からかき集められている。オイルサンド採掘会社で働く者のほとんどは高給取りだが、仕事には退屈している。週末ともなると、泥だらけの町の駐車場の優に半分をピックアップトラックが占領し、ヘルメットを頭に乗っけた男たちがカジノと、ショッピングセンターにずらりと並ぶ宝石店との間を行ったり来たりしながら、ナイトクラブ「カウボーイ」の呼び物ショー、濡れTシャツコンテスト(訳注)が始まるのを待っている。

某建設会社の班長レオの車には先端に旗をつけたポールが立ててある。町で見かける車のほとんどがそうしている。これは、世界最大の大型トラックがオイルサンド鉱山で作業する際、車上から見えるための目印だ。大型トラックのドライバーは五、六メートルほどの高所に腰掛けて、採掘土を四〇〇トン運搬できる馬力のエンジンを動かす。これは見ものだ。四階建てビルくらいの巨大なシャベルですくった土を積んだトラックが、大男よりもはるかに巨大なタイヤを回転させて慎重に前進する。

すでに、フランスの国土の総面積の一割に相当する五万平方キロメートル近い土地の採掘許可が下りている。アルバータ州政府によると、一九九五年から二〇一〇年の間にビチューメンの採掘開発に、企業から一〇〇〇億ユーロ相当の投資が行われた。二〇〇七年に日産五万バレル(世界の石油総生産高の一・二パーセント)を突破した生産高は、今後二〇一五年までに四倍になるかもしれない。

アルバータ州をすっかり変えてしまったこのドルの雨。だが、一つだけ大きな障害がある。それも大きな。エコロジーである。周辺の先住民社会に憂慮すべき癌発症率が発見されたのだ。原因は何か。企業が浄化不十分の排水を廃棄したアサバスカ川の水である。生産工程から出た汚染水の処理のための大貯水池の水質も問題である。渡り鳥が着水すると死んでしまうほどひどい水質汚染のため、空砲を放って鳥を追い払う。オイルサンドから黒い水を抽出するには、アサバスカ川から大量に取水しなければならず、石油一バレルにつき三バレルの水が必要である。二〇〇六年、アルバータ大学の研究者、デービッド・シンドラーはアメリカ合衆国科学アカデミーの機関誌で警鐘を鳴らした。オイルサンドからの石油抽出産業と気候変動とが連関して、「地域の水の質と量に大きな危険を」もたらそうとしている、と言う。(原注25)

オイルサンドの石油への変換で生じる汚染は酸性雨も誘発し、それはケベックにまで及んでいる。北の森林に与える被害は大きい。数千ヘクタールもの森林が、採掘のための土地を明け渡すために伐採されている。アクセス道路の増設、作業員用の宿舎、新興の町、パイプラインの増設に加えて、これまで手つかずだったアルバータ州北部の大森林地帯が破壊され、寸断される。その影響はこの地域のみにとどまらず、世界的なものでもある。石油を土から分離するのには、大量のエネルギーが必要だ。オイルサンド産業は最近数年間、カナダによる温室効果ガスの排出の増加に大きく貢献している。それは、一九九九年以降プラス二五パーセントで、国は京都議定書の取り決めにより六パーセントに抑える義務を負っている。石油そのものはアメリカの自動車の燃料として使われ、世界のCO_2排出に寄与する。これらすべてが、他で抑えたCO_2排出分を帳消しにしている。

濡れTシャツコンテスト：素肌にTシャツを着た女性に水をかけて胸の形やサイズを審査するイベント。

資本主義体制内のエネルギー価格の上昇という逆効果で、未着手だった石油の潜在埋蔵分の採掘開発に拍車がかかり、それが温室効果ガスの排出を増加させる。もしカナダのオイルサンド——ベネズエラのも——がどれも軌道に乗ったとしたら、企業はもう矢も盾もたまらず、北極海の氷の下に眠る石油に触手を伸ばすにちがいない。もうじき、温暖化により氷山が融解し、これもありえない話ではなくなる……。

資本主義についての三つの教訓

ここまで、エネルギーの惑星を旅してきたが、押さえておくべき点は何か？

原子力は解決にはならない。風力発電は、現在のシステム下では何も変えることはできない。バイオ燃料は逆効果がはなはだしく、上積みはない。炭酸ガスの捕獲と分離に対する期待は現実のものとはならないし、たとえ実現したとしても数十年以内という話ではないだろう。CO_2を排出する石炭は発電所の主要燃料であり続けるだろう。石油価格の上昇によって、化石燃料の備蓄に手をつけることが利益を呼ぶことになる。石油生産を維持継続することで、炭酸ガスの排出は高い水準にとどまる。

第二世代のバイオ燃料、水素ガス燃料自動車、核融合、第四世代原子炉、電気自動車、遺伝子組み換え植物などなど、「緑の成長」推進派による進歩的テクノロジーを詳述することはできるが、もうやめておこう。こうしたものは往々にして悪い副作用を引き起こす。これから生じるであろう諸問題に十分に対応できるだけのパフォーマンスが可能なまでに開発が進んだ状況ではない。うまく行かないとは断言できないけれど、長い目で見たとしても二〇四〇年までは無理だ。ここに列挙したものは、一般的な考え方の枠内では絶望的である。エコロジーに関しては、三つのことが言えるだろう。

――西欧のライフスタイルや主要パラメーターである富の分配（これについては言及されたことがない）を根底から変えることなく、テクノロジーが問題を解決してくれるであろう。そして、これらのテクノロジーの進歩が、「金儲け」なる成長への足がかりを与える。ジャーナリストのエリック・ル・ブッシェは書いている。「今や、ヨーロッパやアメリカの経済界はどちらも、エコロジーが魅力的な利益の源になり得ると確信している」(原注26)。

――エネルギー消費は増加し続ける――富裕国もそれに含まれる――国内総生産の成長は継続し、富の増加はこれまでの二百年と同じように続くだろう。ブッシュ大統領はこの観点の基本論理を述べている。

「この新世紀、エネルギー需要は増え続ける」(原注27)

国際エネルギー機関は、マクロ経済学の仮説として、ヨーロッパ諸国と日本の国内総生産は二〇五〇年までに倍になり、アメリカのそれは二・五倍になるとしている。(原注28) 経済学者のジャン・ポール・フィトゥシは、私たちの孫の世代は、一世紀以内に私たちの八倍裕福になると予測している。(原注29)

――気候変動は問題である。エコロジー危機のグローバルな側面が忘れられている。なぜか？　それは、社会システムでは生物多様性の危機や海洋の弱体化は解決できないのに、気候問題を純粋なエネルギー問題だと解釈し、その中に新しいテクノロジーの創造への刺激剤、つまり利益の源を見出そうとしているからだ。

もし、この三つの立場に立つのなら、エコロジー危機の解決はなく、さらに重症になるだけである。

経済的パラメーターとしての人類のサバイバル

この枠組みからいかに脱出するのか？　それを知るには、文字通り生死に関わる時間の問題として考える必要がある。それは、哲学者のハンス・ヨナスによって、次世代に対する私たちの責任として規定されている。(原注30)

「持続的発展」という言葉は、国連報告がこしらえた政治的訳語で、「未来世代がその必要に応える能力を阻害することなく現在の世代の必要に応える発展」と、ブルントランドが一九八七年発行の報告で述べている。(原注31) 彼の経済学的翻訳はこの問いに立ち返る。「将来的にコストはいくらになるのか?」

この問いは、原発の解体と核廃棄物の処理をテーマに専門家の間で議論を呼んだが、結論は出なかった。それは、こうも言えるのではないか。二十一世紀における核廃棄物の管理費用は、原発が五十年間生産する電力より安いか? 原発推進派は、費用はかかり続けるけれども、いずれはテクノロジーによって廃棄物のリサイクルが可能になるだろう、と考えている。かくして、長期的経費は原発の操業で計上される利益が償却する。しかし、将来の世代が原子力エネルギーをもう使わないと決めたとしよう。すると、もう姿を消してしまった活動によって生じた非常に長期に及ぶ害毒を監視する仕事が未来世代の役目になり、しかも彼らにとって何の利用価値も持たないのだ。

未来世代の意見が聞き入れられることなどあり得ないのだから、事実上、現在の世代が決定を下すわけである。原子力は、それ相当のより良い未来を保証する証しも無いまま、現在の利益に該当するツケを未来世代に払わせるのだ。

長期間の経済問題は、あらためてニコラス・スターンによって、さらにしっかりした形で提起された。高い評価を受けている経済学者のスターンは、イギリス政府の要請を受け、二〇〇六年に気候変動が及ぼす経済的結果に関する報告を発表した。これに対し、寡占階級＝オリガルキー内部と世論の両方からしかるべき反響があった。報告はこう結論している。もし、温室効果ガスの排出の増加を予防するための対策がすみやかに講じられないなら、今後二世紀の間に、世界大戦や一九二九年の大恐慌などが引き起こしたものに匹敵する規模の大擾乱が起こるだろう。

彼がこのような結論を導き出した論拠は何か、それを理解することが重要だ。スターンはＩＰＣＣが作成した、気候変動によって起こり得る損害の詳細を再検証した。彼はそれを金銭的価値に換算し、それに対して現在講じられている予防対策の経費との比較を試みた。

経済的推論は以下のようである。

今日費やされる金額Ｘを、明日起こるであろうＹの値の損害を防ぐのに充てるとする。経済的観点からすれば、ＸがＹより少なければ理にかなう。その逆なら、Ｘの原資を別のもっとふさわしい目的に使う方が良い。

難しいのは、この二つの金銭的価値を長期的に比較することだ。二一〇〇年のＸの価値は？　経済学者はいつもケインズの「不確実性」に舞い戻る。「この先、私たちはみんな死んでしまっている」と。だがヨナスは、私たちの孫やその子供たちが生きているだろうから、彼らのことを考えなさいと諭すのである。テクノロジー文明のなせるわざで、長期間が経済問題化する。

Xと Yを比較するのに、経済学者は「公定歩合」を持ち出してくる。これは、住宅を購入する際に交わすローン契約の利息と部分的に較べられる。しかし、ローンの利息は――簡単に言うなら――為替市場の動きで決まるのだが、公定歩合は決算日があまりにも遠い先の話で、為替市場では決められない。したがって、実際には、任意の、と言うか、できるだけ主観的でないやり方を選ぶことになる。

適切な公定歩合の選択がYの値、つまり未来を定めるのである。そこでスターンは、二一〇〇年から以降の気候変動による損害に、現在の価値に換算すると非常に高くなる一・四パーセントという公定歩合を当てはめた。そこから、経費をあらかじめ今定めるのは経済的に合理性がある。逆に、高い公定歩合はYの値を、つまり未来の値を下げることになる。ウィリアム・ノードハウスのような気候変動を劇的なものとは受け止めない経済学者は公定歩合を四・五パーセントとしている。オリビエ・ゴダールによれば、この二つの率の差は「現在の値において、ノードハウスとスターンがそれぞれ評価したCO_2一トンの排出の結果引き起こされる損害と一対二〇の差になる」(原注32)。

実際は、長期コストの問題は純粋に経済的に解決できないのである。選択の規準は道徳論によるしかない。かくして、スターンは書いている。

「少しでも未来世代の役に立つような価値感を定める道徳的規準として唯一言えるのは、世界がそこに存在するか否かも、あるいはこれらの世代がそこにいるかどうかもよくはわからないということである」(原注33)

これは確かに理屈だ。もし人類が百年後には消滅しているとするなら、今何も我慢することなどない……。「人類がサバイバルできる確率」は、スターンが公定歩合の計算に取り込んだパラメーター（母数）の一つでもある。(原注34) そして、経済学者は、「未来世代のことを少しも大切に考えないようであれば、気候変動のことも少しも大切に考えなくなる」と結論するに至る。(原注35)

逆に、ノードハウスの立場（デンマーク人のビョルン・ロンボルグのような周知の懐疑論に依拠した）は何に立脚しているか？(原注36) これから百年間、二十世紀と同じペースでの発展が続くだろう、という仮説である。そこで、未来の世界はより裕福で、問題を引き受けられるから、未来のコストは割引される。

スターンに従うなら、すぐに予防の政策を講じなければならない。ノードハウスに従うなら、もう少し待ってもかまわない。

しかし、物質的成長が持続性を伴って継続するという仮説を受け入れることができるのか？　否。理由はこうだ。人間社会には二十世紀より少ない環境資源しかない。環境資源という言葉はここでは、生物圏がそれ自身弱体化することなく人間の加工活動のインパクト（衝撃）を吸収する能力、という意味である。資本主義は、テクノロジーがこの能力の喪失を補ってくれることに賭けるのである。現在まで、この賭けを正当化するものは皆無である。私たちの経済機構は、生物圏の破壊者として重くのしかかったままである。

社会は何十億も儲けることができる

私たちは、スターンの報告を出発点に長期の時間的問題を検証した。これとは別に、非常にさし迫った形で短期の時間的問題が提起されている。

気候学者のほとんど大部分が、地球の平均温度が二℃高くなれば、気候システムを制御し難い混乱に陥れるだろうと考えている。(原注37) ＩＰＣＣは、この臨界点の突破を避けるために、温室効果ガスのＣＯ$_2$（メタンガスのような他のガスも計算の都合上、炭酸ガスと見なされている）限界値を五五〇万ｐｐｍ以下にする必要があると考えている。(原注38) これらのガスの大気中の現在の濃度を考慮に入れると、世界の排出量は今から二十年後にはその頂点に達し、それからはっきりと減少する。この分析は、二〇〇四年十二月二十日の欧州連合議会でヨーロッパ諸国のポリシーとなった。(原注39)

具体的に、これは最富裕国が二〇五〇年までにそれぞれの排出量を大幅に低減させることを意味し、最貧困国にはその排出量を安定化させるまで成長の余地を与える、というものだ。さらにより具体的には、富裕国の排出量の大幅低減は「ファクター4」すなわち「二五パーセント低減」を意味する。フランスは、例えば、二〇〇五年の投票で通過したエネルギー法案の中で、二〇五〇年を目安に排出量を八〇パーセント低減する目標を掲げている。(原注40) これは、毎年三パーセントの排出量の低下を求めるものである。

物事はあらゆる方向に転換することができる。こんにちの技術的現状を考えれば、温室効果ガスの排出量を抑えようとすれば、エネルギー消費を大幅に減らすことが求められる。核エネルギーが例外的に重要な位置を占めているフランスのような国でも、原子力は最終的エネルギー消費の一七パーセントしかカバーできていない。(原注41)

支配的イデオロギーの規範によれば、さほど「魅力的」ではない「省エネ」は往々にして忘れられているか、ほとんど話題にならないか、である。確かに、つねに政界との特別なパイプがあり、ガス、原子力、風力等の発電所の建設を進める側にいる大企業にとって、省エネは現在のシステムの中では利益になるとは考えられない。しかし逆にこの方向は、一九七三年の石油ショック以後に経験したように、社会にとっては明らかに利益になるものである。そこで、フランスなどは省エネと原子力開発の二刀流政策をとった。産業省の一九八七年のバランスシートは次のごとくだ。この年に省エネに投資された一〇〇〇億フラン（一五〇億ユーロ）によって、石油の輸入を年間三四〇〇万トン削減し、原子力開発に投資した五〇〇〇億フランで同じく年間五六〇〇万トン削減した。(原注42)このことは、省エネが原子力エネルギーの三倍利益になることを示している。同様に、より最近のことだが、国際エネルギー機関がその機関誌「ワールドアウトルック２００６」の中で、二〇三〇年に炭酸ガスの排出量を安定化させる計画で、排出削減分の六五パーセントをエネルギー効率向上分と数えているけれども、原子力は一〇パーセント、再生可能エネルギーは一二パーセントとしか数えていない。(原注43)

省エネすなわち消費の抑制であり、それは先進国の日常生活が変らなければならないことを意味する。それは技術を否定することではない。エネルギーを節約することは革新的な解決を呼ぶ。だがこれは、やり方を工夫して適用することが前提だ。四十年後に使えるようなテクノロジーを研究するのも役には立つが、エネルギー消費の削減に投資することの方がはるかに緊急を要する。

フェティシズムの終焉

何を選択するかは政治の問題である。なぜなら、再配分の政治を行なわずに省エネ志向の社会に向かうことはごく単純に不可能だからである。(原注44) それには、簡単な理由がある。輸送と暖房――節約を実現する主要な二つの分野――だ。この二つは、裕福な世帯の家計よりも質素な世帯の家計にとって大きな負担となっている。また浪費は、世間一般に広がっているとは言うものの、金持の方が際立っている。したがって、エネルギー消費を削減することは所得階層別に融資助成を適用し、市場操作だけに規定されない集団的方法を開発する政治を要求する。

寡占階級＝オリガルキーが、大衆の大部分が非常に安いエネルギーに慣れていることを口実にして、このような方向に行くことを望まないのは分かる。社会的な仕組みに手をつけないで、テクノロジーに解決の道を託した方が一見容易に思えるからだ。

しかし現実には、もし寡占階級＝オリガルキーがこの変化を拒否するなら、社会はもっと大きな困難に長く直面することになる。二〇〇三年以来規則的だったが、二〇〇八年になってもまだかなり高い石油価格の上昇、これが車とトラックに一切を頼ってきた社会に現われたその一番最初の証明だ。

エネルギー部門における経済競争は、原発や、繰り返されるさらに重大な事故などに対する監視体制の弛緩につながる可能性がある。気象の不順――洪水、旱魃、山火事など――の増加は先進国の快適生活の足を引っぱるだろう。富裕国の絶えざるエゴイズムは、気候変動の影響を真っ先に受けやすい貧困社会の人々を移民へと押しやり、受入れ国の社会的緊張を高める。

「それでも、われわれは変わらねばならないのか。インドと中国はエネルギー資源を掘り続け、ものすごい勢いで発展している。私たちの努力は台無しだ。何の意味がある？」

これは、中国の驚異的発展で、無視できない量の炭酸ガスが排出されていることが統計的に確認されて以来聞こえてくる繰り言である。しかし、これもまやかしだ。いくら相対的に衰退しつつあると言っても、アメリカ、ヨーロッパ、日本は世界経済の主役であることに変わりはない。新しい消費形態を規定するのはこれらの国の役目である。なぜなら、寡占階級＝オリガルキーによって衝動づけられ、ヴェブレンが指摘するところの贅沢競争に結びついた浪費形態が、他の国々で模倣される見本になっているからだ。このモデルを変えることが、地球のエネルギーのあり方を変えることにつながる。

これは、一方で、その不足品の調達先を探すのに四苦八苦している新興国にとっては安心材料だ。なぜならば、これらの国々が関わっている西洋諸国との競争は先が見えないからだ。もし中国、あるいはインドやその他の新興国家が、ＯＥＣＤ（経済協力開発機構）加盟国の市民と同じだけのエネルギーを消費したとすれば、世界のエネルギー消費量は今の三倍になるからだ！

「これは、全くあり得ない」

ベルナール・ラポンシュ(訳注)は分析する。

要約しよう。テクノロジーでエコロジー問題が解決できるだろうと考えるのは、基本的に消費財の蓄積が正しいこととされているライフスタイルを永久に守ろうとし、温室効果ガスの増加を今よりもっと劣悪な条件下で阻止するという逃げ場の無い作業を、未来世代に放り投げるに等しい。

逆に、テクノロジーが解決の要因になる、という考え方を拒否することは、その成り立ちにおいても、その目標においても、社会を変えて行こうとすることだと言える。

このことは、テクノロジーは峻厳なる進歩の道のりを自律的に進化し続けて行くのだ、という古い考え方への依存が前提になっている。正反対に社会科学は、選ばれた技術の進む道は技術が属する社会との相互作用で決まることを示す。哲学者のアンドリュー・フィーンバーグ(訳注)の規定に従うと、「技術のフェティシズム＝物神崇拝」」と決別しなければならない。(原注45)

テクノロジー的選択は、基本的に社会的組織という既存の概念から帰結する政治的選択である。「どんなテクノロジーであるか?」は二義的な問いである。原初的問いとは、「私たちは、どんな社会に生きたいか?」なのである。

閑話休題

ろうそく、石器、金貨がざくざく

ある日、私はなぜか元老院にいた。あるいじわるオルガナイザーが、環境と経済との関わりを考える日のディベート企画の一つに私を招待したからである。私の隣には、フランス企業運動（Ｍｏｄｅｆ）の元副代表ギヨーム・サルコジ(訳注)が座っていた。(原注1)

ベルナール・ラポンシュ：フランスの政治学者で省エネ専門家。フランス原子力庁の技術者、国際エネルギー機関の顧問等を経て現在はエネルギー問題の国際的コンサルタント。安全な原子力開発のための活動をヨーロッパ、モロッコなどで続けている。

アンドリュー・フィーンバーグ：カナダ人哲学者。サンディエゴ州立大学哲学科教授。「技術のフェティシズム」を批判し「民主的合理化」を主張する。邦訳の著書に『技術――クリティカル・セオリー』がある。

ギヨーム・サルコジ：フランスの実業家。一九九四年から一九九八年までフランス経団連の社会保護委員長、その後二〇〇六年までＭｏｄｅｆの副代表。以後社会保険会社 Médéric グループの会長に就任、現在に至る。現仏大統領ニコラ・サルコジの兄。

様々な参加者が——経済学者、元大臣、元老院議員、経営者など——それぞれのご高説を述べ、私の番になった。

私はこう言って話をしめくくった。

「もし、エコロジー危機の深化を避けたいのであれば、それは原理的にはけっこう簡単な話です。私たちが生物圏に与えているインパクトを、みんなでいっしょに抑えればいいのです。生物圏へのインパクトを抑えるのは、これもまたけっこう簡単なことで、私たちの物質的消費を制限し、石油、木材、亜鉛、金、鉄など私たちの日常的環境を左右するあらゆる素材の消費を削減することです。ですから、特に最も豊かな国における私たちの集団的な物質消費を減らすことです。消費を抑えるよう求めるのはニジェールやグアテマラの人たちに対してではありません。最も豊かな国の何十億人もの人たち、そしてその中の五億人から六億人の中流階級の人たちに対してなのです。しかし、中流階級の人々は、私がオリガルキーと呼ぶところの、社会全体の犠牲の上で得た所得と資産を貯め込んでいる一握りの超大金持ち階級がいるこの根本的に不平等な構造が変わらない限り、物質的消費の削減を指向する選択を受け入れようとはしないでしょう。ですから、エコロジー問題は社会関係の再編成と所得の再分配なくしては実現できないのです」

そして私は、所得額の上限を設定することを提案した。

これで聴衆を目覚めさせたとでも言おうものなら、厚かましいというものだ。それまでずっと私のことを無視していたサルコジ氏が、強い調子で発言した。

「ケンプ氏はとてもすばらしい方だと存じますが、このような話を聞くのは随分久しぶりのことですね。あなたのおっしゃる事はこれっぽっちも信じません。これっぽっちでも人を動かすことは無理でしょうね。この会場で調査をすれば面白いでしょう。『明日からもっと不便な生活になります。すばらしいですよ。ですから協力してくれますか？　明日から携帯電話もない、ろうそくの生活に逆戻りしますよ』。私はこれっぽっちも信じません」

私は応じた。

「確か今、『ろうそく』と言われましたね。私は、ディベートのテーマに関するご質問を拝聴したいものでありまして、石器時代やろうそくの時代の方がいいかどうかではない議論をさせていただけますか？　では、はっきりと申し上げます。もし人類が、人間社会が、そして能力と富をより多く持つ者が、エコロジーの危機にかんがみて私たちの生き方を変えないならば、間違いなく私たちは石器時代のそれではなく、極端に否定的な社会的混沌状態に陥るでしょう。ですから、どうかサルコジさん、真剣に議論しましょう。お互いろうそくや石を投げつけるような真似はしないで」

するとサルコジ氏はすっかり口をつぐんでしまった。ひと言も喋らなくなった。

この逸話には、耳の痛い質問には使い古されたイメージで答える寡占階級＝オリガルキーの性癖がよく表われている。もう一人の寡占階級＝オリガルキーの代表選手、ジャック・アタリ(訳注)も似たり寄ったりだった。彼の絶賛する成長がエコロジーにどんな結果を及ぼすか、と質問されると彼はこう答えた。

「汚染を生まない最高の方法は、石器時代に戻ることです(原注2)」

この答えが、愚劣なものか、それとも人を馬鹿にしたものなのか、私には分からない。この成長の宣伝屋候補生も、若い頃は未来信仰を一刀両断に鋭く切り捨てていたものだ。一九七三年、雑誌『ネフ』掲載の記事で、若きアタリはローマ・クラブ(訳注)の報告を「慎重」と批判し、成長モデルを「成長と安心な生活との関係を把握できない」とし、こう明断に述べていた。(原注3)

「成長が不平等を無くす、というのはリベラル派経済学者がこしらえ上げた神話だ。再分配の要求をすべて『後まわしにする』ことを許すような主張は、根拠の無い知的詐欺行為である」

昔とは大違いの言説をわめいている人を見るのはいつだって哀しくなる。アタリ氏はまた、「フランス経済成長解放委員会」(通称「アタリ委員会」)の報告で再分配や不平等に言及しない――「スキャンダルは不平等よりも不正義の中により多く見受けられる」と言う以外は――

巧緻さも持ち合わせている。(原注4) いやいや、アタリ氏は「知的詐欺師」なんかではない。単に彼は、サロン派マルクス主義からもっとも盲目的な資本主義に転向したあの中途半端世代の一人でしかないのだ。

寡占階級＝オリガルキーの思考の探索において何の成果も無いまま、二〇〇七年十一月のとある晩、私はシャンゼリゼで開かれた環境価値向け投資ファンド設立パーティーに出席した。エドモンド・ロスチャイルド銀行がジャン・マルク・シルベストルの司会による「成長の原動力としての環境」をテーマにしたリュック・フェリー（元国民教育大臣、パリ大学教授、哲学者）とクロード・アレーグル（元国民教育大臣、地球科学者、元社会党）のディベートに有閑階級のお歴々を招待したのだった。知的パーティーとでも呼ぼうか。(原注5)

まずロスチャイルド銀行の代表の基調報告。

ジャック・アタリ：フランスの経済学者、思想家、作家（一九四三年〜）。パリ政治学院卒。一九八一年から一九九一年までミッテラン大統領補佐官、一九九一年から一九九三年まで欧州復興開発銀行初代総裁を務めた。『時間の歴史』、『二十一世紀の歴史――未来の人類から見た世界』など著書多数。

ローマ・クラブ：オリベッティ社会長アウレリオ・ペッチェイと英国人科学者アレクサンダー・キングが中心になり一九六八年にローマで発足した民間シンクタンク。世界の科学者、経済人、教育者、学識経験者など一〇〇人からなり、一九七二年の第一回報告書『成長の限界』では、資源の枯渇や環境の悪化で百年以内に破局が来ると警告、経済のあり方を見直し、世界的均衡を目指すべきだと論じている。続く『限界を超えて――生きるための選択』でも更に悪化したシナリオを提示している。

「われわれの任務は、長期の金融的価値を創り出すことです。環境は、投資のテーマの一つになってきたと考えていいでしょう。社会は環境問題を正しく取り扱うべきであり、それを取り扱う手段とはテクノロジーなのです」

それから彼はトークを盛り上げるために仕込んだジャーナリスト、ジャン・マルク・シルベストルにマイクを渡す。

「ディベートの面白さは、互いに議論を交える者同士の立場の違いに正比例するものであります」

こう言いつつ司会者は、アレーグルとフェリーとの違いがあまり明確ではないことを確認する。

「もちろん、お二方は方や右、方や左ですから。しかし、今や右とか左とかにまだ何か意味がありますかね？」

それはそうだ。

「ただ一つ、大きな違いがあります。ヘアスタイルが全然違う」

会場がどっとウケる。

これで舞台が整った。クロード・アレーグルが発言する。彼は、逆成長の概念に強く反論する。

「これは、とんでもない考え方だと私自身は思います。考えてもみて下さい。私たちはたらふく食ってきました。その挙句にです、私たちの子供は粗食に甘んじなければならない、腹ペコで暮らさなければならない」

これは違う、と。彼は訴える。

「エコロジーを成長の原動力にすべきなのです」

そして、支配的イデオロギーのねじを緩めるのだ、と。

「正しい道とは、経済に当てはまらないものはすべて社会の動きからはずすことです」

次いで、環境問題を列挙する。まず、水である。

「ひどい旱魃や洪水が起きています。水の循環系が乱れており、それに対応しなければならない。そこでテクノロジーがモノを言います。帯水層は人工のものが可能です。フランスでは洪水を予防する計画が必要です。河川を整備し、浚渫します」

この水の危機と気候変動との関係はどうか？　消費を削減し、別の農業を目指すのか？　そうした話にはならなかった。二番目の問題は、エネルギーである。重油とオイルサンドのおかげで、石油価格は安定するだろう。

「こうなります。CO_2、テクノロジーが解決してくれる。炭酸ガスの捕獲、です」

次の問題。核廃棄物、生物多様性。

「当然、この分野の問題解決は遺伝子組み換え技術です。他に解決はありません」

次はリュック・フェリーが点を稼ぐ番だ。彼は、オルター（もう一つの）・グローバリゼーション運動提唱者であるスーザン・ジョージ（訳注）との対話を例に出しながらエコロジーに蔓延する「悲しき情熱」を憂う。

「彼女は言っていました。『ニースやカンヌに向かっているのに、リールとかブリュッセル方向（正反対の方向）の標識ばかり出てくる。スピードを落とすだけではだめ、Uターンしなくてはいけません』」

フェリーは説明する。

「これも、とても意味深長な暗喩です。保守的革命のことです。これこそ、打ち壊すべきモデルです」

私が間違ってなければ、フェリーは目的地がマルセイユでも、リールに行きたかったのだろう。

実際のところ、エコロジーのどこに文句があるのかといえば、「恐怖の情熱」を抱いていることだった。そこで言う。

「子供の頃、怖がるのは恥ずかしいことだと言われたものです。大きいお兄ちゃんは怖がらない。大きくなること、それは恐怖を克服することでした」

リュックは大きいお兄ちゃんなのだ。

エコロジーの問題を片付けるために彼が心に描いている夢は「共和国と科学とが和解する共和主義的機関の設立」だ。それは「選挙で選ばれた人、企業のトップ、科学者——本ものの科学者で、口先ばかりの気候問題の活動家ではない——で構成される」

気候変動を信じる気候学者を排除するこの機関は、この上なく利用価値が高いのではないかと思われた。しかしながら彼はこう結論する。

「不吉な情熱の論理と、恐怖とメディア社会の混合の論理の代わりに、共和主義的かつ科学的な論理が必要なのです」

何だって？　後でまたテープを聴きなおしてみた。なるほど、フェリーは自分が告発するものと、好むものとを入れ換えたかったのだ。この大きなお兄ちゃんは、いつも無意識下の事をうまくコントロールするのが下手だ。あるいは、正しいフランス語が話せないのかも知れない。

ディスカッションは続いたが、あまり議論にはならず、科学と自由を賛美し、税金などを

スーザン・ジョージ：フランス在住のアメリカ人政治経済学者、社会運動家。一九三四年生まれ。グローバリゼーションを強く批判。オルター（もう一つの）・グローバリゼーション運動を提唱。『グローバル市場経済生き残り戦略』、『オルター・グローバリゼーション宣言』など著書多数。

けなして終わった。オルター（もう一つの）・グローバリゼーション運動を遠まわしにやっつけるために、フェリーは言った。

「この人たちとは同志ではありませんが、彼らにも一理はあります。グローバリゼーション、それから特に金融市場の進出に関してですね。世界の大きな流れに追いつくのは大変です」

エドモンド・ロスチャイルド銀行に招待され、狼の群れの中に身を投じるまでに、彼の中にいかに葛藤があったかは想像に難くない。アレーグルが言明した。

「金融資本家に申し上げたい。この国には、リスクの文化が必要です」

フェリーが――論争相手同様、長く役人だったが――これに同調する。

「いかにリスクを冒すかを教えるのは簡単じゃありません」

会場は大喜びした。ジャン・マルク・シルベストルが締めくくる。

「今夜は、みなさんが着手を約束された投資ファンドについて語り合いましょう」

拍手。哲学（フェリー）と科学（アレーグル）は、金融（ロスチャイルド銀行）に最敬礼したのであった。

第四章　協同と独裁

私たちは、資本主義以外の規範に準ずる社会に生きたいと思う。利益よりも共有財産を、競争よりも協同を、経済（エコノミー）よりも環境（エコロジー）を希求する社会である。それは、これから半世紀の人間的政治の目標として生物圏の崩壊を防止する。この目的の実現は物質的消費の削減を前提としており、社会正義なくしては到達できないのだとの結論に至った社会である。

そのためには、どうすべきか？　考え方を変えよう。私が「私」であると思っているものは、大きく私の文化的、金銭的財産に条件づけられた心理的生産物であり、私の「自由」とは、大きく社会的な相互活動に由来するものであり、私が「考える」ものとは、大きく私が理解を容認した結果である、としよう。この三十年、かくも効果的に植えつけられてきた図式が逆転し、現実にはこんにち、個人主義が影を潜め、団結がよみがえっている。

これは良い知らせである。団結が幸せを取り戻す。あるアメリカ人の心理学者によれば、「満足の要素の研究で最も納得の行く発見は、幸福が社会的絆の深さと広さに規定されるということである(原注1)」。

それから、私たちは人口が次第に増えていることとも折り合いをつけねばならない。一九〇〇年には、地球には一人当たり八ヘクタールの面積があったが、二〇〇二年には二ヘクタールになった。二〇五〇年には、一・六三ヘクタールになりそうである。(原注2) もう単独では生きていけなくなり、社会は——何らかの工夫を——私たちに求めてくる。団結、常識、分配、協力などは精神的選択事項ではなく、永続的対立状態で生きていく場合を別にすれば、個人的かつ集団的調和のために欠かせなくなる。

資本主義、腐った花

差し迫っては何か？　資本主義からの出口を見出せそうな体制がどんなものなのかを把握することだ。破滅的展望を未来のチャンスに作り変えるのである。パトリック・ヴィヴェレ(訳注)がいみじくも言った。

「エコロジーの危機は、アイデンティティの論理と向かい合った人類が、運命共同体であることを認識するチャンスである」(原注3)

敵は超パワフルに見えていた。敵は虫に食われてボロボロだ。読者は、多分ラフレシアの

パトリック・ヴィヴェレ：フランスの哲学者。一九四八年生まれ。社会党などで政治活動。マンデス・フランス・センター所長、雑誌編集長などを歴任。連帯経済やオルター・グローバリゼーション運動に携わる。

話を聞いたことがあるだろう。世界最大の花だ。ラフレシア属はインドネシアのスマトラ島原産である。この花は直径一メートルにもなり、腐った肉のような悪臭を放ち、外観も似たようなものだ。この花は、この悪臭作戦で新鮮な死体専門のハエの一種を引き寄せて交配に利用する。花は非常に短期間しか開花しない。年に、せいぜい一日か二日、そして枯れてしまう。[原注4] 資本主義もこれに似ている。大きくて、強くて、人類の冒険のごく短い期間、せいぜい二世紀——新石器時代から始まった二万年の歴史の二パーセントに過ぎない——しか登場していない。花ざかりを終えると、消えて行くのだ。

次にどうなるかを想像しなければならず、漫然と待っていてはいけない。資本主義が独裁に変貌する。

一点、はっきりさせておこう。資本主義がスターリンと毛沢東の子孫たちに斥候を送る機会はいくらでもあった。個人的には、私はマルクス主義者だったことは一度もなかった。成長期には、階級闘争、労働価値論、搾取、疎外など——どれも正しいものであり続けるが——の概念が聞こえてはきたが、自由な方がはるかに好きで、またソ連についても十分わかっていたから、あのような結果を導く理論には究極的には従えなかった。それから、毛沢東主義者からトロツキストまで、彼らはみんなエコロジー問題をやり過ごし、「プチブル的関心」で片付けるのが関の山だった。多分、今はマルクスによる分析の一部を賢明にも引用している思想家もいることはいる。だが、完璧な思想などもう存在しない。資本主義者からマルクス主義者呼ばわりされるなんてまっぴらごめんだ！　それでも何かレッテルを貼りたければ、エコロジストと呼んでいただこう。

オルターナティヴはもうそこにある

もし、カナダでケベック市とレヴィ市(訳注)をつなぐフェリーに乗船する機会があったら、船内の通路の壁に架かっている古い写真をご覧いただきたい。そこには最も美しい生活協同組合の歴史のひとコマが語られている。二十世紀初頭、ケベック人はイギリス系カナダ人の支配下で暮らしていた。文化的には否定され、経済的には搾取されていた。銀行は実業家しか相手にせず、普通の人が融資を受けたければ高利貸しのところに行くしかなかった。レヴィに住む元新聞記者がいた。その名を、アルフォンス・デジャルダンといった。デジャルダンは、ヨーロッパで当時飛躍的に盛り上がっていた生協運動を勉強し、これが政治的に認知される

レヴィ：カナダ、ケベック州の州都ケベック・シティからセント・ローレンス川を挟んで南の対岸にある都市。ケベック・シティの旧市街とレヴィの旧市街の間はフェリーが運航しており、ケベック橋とピエール・ラポルト橋が両市の西でつながっている。

ためには経済的に成り立たねばならないと考えた。労働者も、農民も、一人では無力だ。しかし、みんなが数セントか数ドルを共同貯金に積み立てていけば、事業に融通できるし、ケベック人の解放の助けにもなる。

こうして一九〇〇年十二月六日、レヴィ市にケース・ポピュレール（Caisse Populaire＝信用金庫）が誕生した。郷土史研究家の説明を聞こう。

「それは、人的組織であると同時に、一つの企業でもありました。メンバーは貯蓄を共有する協同組織をつくり、必要な時に頼りにできる融資用の貯金を設置しました。オーナーでありながら利用者でもある、『一人一票』の規則による民主的基盤の上に立った管理経営が行なわれ、個々の出資額はいくらでもよかったのです（原注5）」

預金受付の初日、二六ドル四〇セントの入金があった。スタートこそささやかなものであったが、デジャルダン信用金庫は二十世紀の年月を幾多の障害を乗り越えて成長し続け、ケベック人のアイデンティティの確立に貢献した。ケース・ポピュレールはこんにち、貯蓄市場の四四パーセントを抑えるこの地方のトップ金融機関になっている（原注6）。

デジャルダンは特筆に価するが、他にも例はある。個人的利益ではなく、共同の福祉のために資金資材を醵出して作られた経済組織は五万とある。ヨーロッパでは、生協、共済組合、協同組合――「連帯経済（訳注）」という言葉の下に結集した――などがＧＤＰの一〇パーセント近くを担っている。[原注7]これらは本来の主旨に忠実だろうか？　資本主義のプレッシャーがあまりにも強く、必ずしもそうとは言えない。激しい個人主義の攻勢で、組合員の多くが組織のあり方に関心を失うか、単なる顧客としてしか関わらなくなったり、指導者も資本家の融資を受け入れると懐に入ってくる高収入に心を動かされる。「相互扶助の精神は、利益競争の中で失われる」とは雑誌「*L'Expansion*」の言葉だが、イギリスでは二〇〇七年の不況の折に最大の銀行破産が起きた。[原注8]それは、ノーザン・ロック銀行[訳注]という名の、株式会社になるために相互扶助の精神を棄てた共済組合の姿であった。[原注9]それでも、生協運動の大半は設立主旨にしたがった管理の下に踏ん張り、経済システムに新しい精神を注ぎ込むためにしっかりとした基盤を形成している。

中でも、最も興味深い形態の一つが、Ｓｃｏｐ（Société coopérative de production＝共同生産会社）

連帯経済：社会的連帯を基盤として行なう経済活動。社会的連帯を最重要視し、既存の経済体制下で疎外された人たちを社会の中に取り込もうとする。ＮＰＯ、フェアトレード、マイクロクレジット、地域通貨などの形をとる。

ノーザン・ロック：イングランド北部にあったノーザン・ロック住宅金融組合が前身。一九九七年に貯蓄口座や住宅ローンを持つ顧客に株を分配して銀行となった。二〇〇七年、サブプライムローン問題で資金繰りが悪化。信用不安が広がり数日で二〇億ポンド（当時のレートで約四六〇〇億円）が引き出された。

のやり方だ。これは、サラリーマン会員が平等主義に立脚して決定に参加し、利益の割り当てを集団で決定する。アルデッシュ地方は、山に囲まれ、砂漠のような僻地扱いをされているが、一九七五年からアルデレンヌ社の三〇人の社員が「バイオ」のウール・セーターやマットレスを生産している。パリではレストラン、Le Temps des Cerises＝「さくらんぼの実るころ」がＳｃｏｐ方式で復活し、一九七六年からビュトーカイユ通り（パリ七区）で道行く人の目を楽しませている。必読の雑誌『アルテルナティヴ・エコノミック』は、非資本主義的経済学の読み物を――まだ時代遅れの成長主義的固定観念が滲みついてはいるものの――掲載しており、一九八〇年から協同組合方式の出版社としてゴリゴリの独立経営を行なっている。ル・ロラゲ県（フランス南西部、ミディ＝ピレネーとラングドックにわたる地方＝訳者注）では、Scopelec 社の社員七二〇人が協同で電話回線の修理に従事している。(原注10) モントーバン（フランス南部、ミディ＝ピレネー地域圏の町＝訳者注）では、これもＳｃｏｐのＥＬＡＵＬ社が電気製品の外枠を製造しているが、元は倒産した企業の社員の一部が協同組合の形で立ち上げた会社である。(原注11)「Ｓｃｏｐ方式の会社は、経営者とサラリーマンの両方の個人主義、超利潤主義、雇用の破壊に対する最良の保証です。この形の定款が、企業の現代的あり方に完璧に適合します」と言うのは、コンピエーニュにあるバイオテクノロジー系Ｓｃｏｐ、P.a.r.i.s. の責任者だ。(原注12)

資本主義が通った後、草一本生えなくなった土に、無数の新しい生き方、生産の仕方、消費の仕方が芽を吹く。「地域支援型農業」が、非工業的農業生産者から消費者団体への生産者直売を組織するための大販売網を作り上げている。これは、一九八〇年代にアメリカで開始され、ヨーロッパに広がり、フランスではＡｍａｐ（家族農業を支える会）[訳注]の名称で活動している。また、若い農業者の定着を援助するために協同で土地を購入する形態もある。共有菜園は都市部で増加している。マルジュリッド県（フランス、ロワール川上流）、グランリューの「プロデュクテュール＝生産者」のように協同販売システムを組織する農家や、労働銀行方式で時間を分担するユール・ラ・パラード県（フランス南部、ラングドック＝ルシヨン地方）のコス・ロゼール生協などもある。「Objecteurs de croissance＝成長の反対者」は――質素なライフスタイルを採り入れながら――より少ない労働、より少ない収入で幸せに暮らしている。[原注13]カルカソンヌ（フランス南部ラングドック＝ルシヨン地方の都市）では、六十時間の公共労働を提供した青年には運転免許取得費用を援助している。[原注14]パリ、リヨン、ツールーズでは自転車を共同で使用している。コボワチュラージュ（乗り物共有）は日常語の一つになった。イル

Ａｍａｐ：フランス・プロバンス地方の有機農家が二〇〇一年にアメリカの地域支援型農業をモデルに始めた、生産者と消費者が協力して農と食を進める活動。二〇〇四年に第一回ＣＳＡ（コミュニティ・サポーテッド・アグリカルチャー）とＡＭＡＰなどとの合同国際シンポジウムが開かれた。

＝エ＝ヴィレーヌ県(訳注)では個人が風力発電に出資し、上がった利益を省エネ対策に再投資している。(原注15) 連帯貯蓄グループのFinansol(訳注)は貯蓄高一〇〇〇億ユーロを突破したと発表している。(原注16) ウィキペディアは、非公式で自由参加型によるネット協力者数百万人の力を得て現代最大の百科事典になった。リナックス(訳注)は非常に広汎に使われるマイクロコンピュータの開発システムになった――これは、誰の所有物でもない、利用者が共同して開発し改良する「フリーソフトウェア」(訳注)である。

この辺にしておこう。小さなエピソード、大企業、新しい組織、テクノロジーの有効利用……次々と湧き出てくる創意と工夫の泉の物語を詳述するなら、本書のような書物が何冊も必要になるだろう。地球上のいたる所で噴出する、実行と実体験の多彩な世界を探検することほど元気の出るものはない。ここにはフランスの例しか取り上げていない。すべての国、すべての大陸に、同じように花開く姿を見つけることができる。私たちには新しい世界を考え出す必要はない。新しい世界はもうそこにある。黄金の収穫をもたらすために耕されるのを待つ土のように、今そこで息をこらしている。

しかし、蒔いた種が足並み揃えて芽を出してくれなければ、収穫はない。一人一人が、各グループが、それぞれの場所でちょっぴりユートピアを実現することはできる。それはたぶん楽しいことではある。しかし、体制のパワーが、各個が個人主義的行動をとっているという現実に根ざしている以上、単にこれだけでは体制は大して変えられない。同様に、「グリーン消費」で総商品化の論理をくつがえせないし、「オールタナティブ菜園」などで怯えるような資本主義も存在しない。なぜなら、「各個」が分裂し、連携することなく行動するのが資本主義にとって一番ありがたいことだからだ。オールタナティブは、資本主義が作り出した国の保護事業の弱体化を覆い隠すことになり、この事実を看過させ、逆に資本主義に手を貸すことにさえなる。その上オールタナティブは、別の基準で機能するシステム内に単独で組み込まれ、総体的所得配分には寄与しない。

イル＝エ＝ヴィレーヌ：フランスのブルターニュ地域圏の県。ブルトン語ではなく、ガロ語を話す。

Finansol：連帯投資家と連帯経済に参加する機関などが設立した専門家金融集団。シャルル・レオポルド・メイヤー人間の進歩財団の保護を受けている。

リナックス（**Linux**）：一般的にはＵＮＩＸのようなオペレーティングシステムの一群、厳密にはその中核部分のカーネルを指す。パソコンだけでなく携帯電話からスーパーコンピュータまで幅広く応用されている。

フリーソフトウェア：コピー、研究、変更、配付等の扱いに関して、ほとんど制限がつけられていないソフトウェアのこと。無償ソフトウェアとは異なるが、事実上無償であることが多い。

アラン・カイエ：フランスの社会学者、パリ大学ナンテール校社会学教授。一九四四年生まれ。反功利主義的視点から、マルクス主義から近代経済学までの経済学と社会科学総体の再検証をめざす雑誌「モース」（Mouvement Anti-Utilitariste dans les Sciences Sociales 社会科学における反功利主義運動）を主宰する。

社会学者のアラン・カイエ（訳注）の問題提起は的を得ている。

「共同社会建設の意識性を持たせて、無数に存在する諸志向をいかに結集するのか？」（原注17）

肝心なことは、オルターナティブを始めることではないのだ。経済システムの中心に生協的精神を設定して、最大利潤主義を除外することである。資本主義から脱け出る政治運動の中にそれが位置づけられるなら、オルターナティブの実践も意味を持つ。同様に、市場の見えざる手（訳注）も無数の個人をまとめて最適の状態にはもっていけないし、新しい社会に大量の志向性を持ち込む精神などどこにも見当たらない。

資本主義からの脱出、市場主義経済の否定

「資本主義とその価値評価システムでは取り扱えない現象の中で、最も明白なものが気候の温暖化である」

こう言うのは、ＷＴＯ（世界貿易機関）の事務局長、経済専門家のパスカル・ラミー（訳注）（原注18）だ。彼自身が与えるイメージとは正反対に、資本主義は効果的な金の使い方が非常に下手である。大企業は協定して競争を迂回し、金融投機は需要と供給の動向を誇張し、腐敗汚職がみんなの金の相当部分を奢侈消費のために横領する。結果、深刻な経済不況と歴史的なエコロジー危

機が起きている。

この状況から脱け出すためには、もはや私的蓄財主義を軸としない経済を前提としなければならない。それは市場経済なのであるが、その範囲は商品として管理されることのない主要共同財産までどまりである。レスター・ブラウン(訳注)は書いている。

「市場は驚くべき制度である。中央集権的に計画されたどのような組織も持ち得ない有効性で資源を分配することができる。市場は需要と供給のバランスを容易につかみ、希少なものと大量にあるものとの差を反映させた価格を即座に設定する。市場にはしかし、根本的弱点がある。市場は、物やサービスを供給する間接的なコストを価格に合体させないのだ。自

見えざる手：アダム・スミス『国富論』にある言葉。古典的自由主義経済における市場仮説を指す。市場経済において各個人が自己の利益を追求すれば、結果として社会全体の利益が達成されるとする考え方。《人が自分自身の安全と利益だけを求めようとするのは、他の多くの事例同様、人が全く意図していなかった目的を達成させようとする見えざる手によって導かれた結果である。》

パスカル・ラミー：フランス出身の国際的経済エキスパート。世界貿易機関（ＷＴＯ）事務局長。一九四七年生まれ。経営大学院、パリ政治学院、国立行政学院などのグランゼコールで学び、経済財政省で働く。ドロール経済・財政大臣に抜擢され官房長となる。二〇〇五年に世界貿易機関の第八代事務局長に就任した。

レスター・ブラウン：アメリカの思想家、環境活動家。一九三四年生まれ。ワールドウォッチ研究所を設立。また、ワシントンのアースポリシー研究所の設立者・所長。著書『プランＢ２．０　エコエコノミーをめざして』は広く読まれている。

然が供給してくれたサービスの価値を正当に評価しないし、自然のシステムの再生可能の限界点を尊重しない。かくして、市場は長期よりも短期を好み、未来世代についてはほとんど考慮に入れないのである」（原注19）

価格システムの進化は、経済指標が変わることが前提になる。資本主義は、その増加拡大を平然と推し進め続けながら、経済の指針として使用している指標——国内総生産——の貧弱さを自ら宣言するという知的に不条理な状況に立ち至った。成長は「グローバリゼーションの無秩序、不正、浪費、気候の温暖化、天然資源の枯渇」を包摂しない、とフランス経済成長解放委員会（訳注）は確認している。「生産の成長はしかし、富と生活水準を操作する唯一の方策である」（原注20）。ゆえに、委員会は年五パーセントに保ちたいのだ！

街灯の下にいる真夜中の酔っ払いの話をご存知だろうか。通行人が通りかかる。

「何をしてるんですか？」

「ああ……ヒック、車のカギを探してるんですよ。あっちで落としたんですがね」

「しかし……どうしてここで探してるんですか？」

「だって、ここは明るいスから……」

私たちを指導する知的最高権威も、夜中の酔っ払いと同じ、ピントのはずれた理屈に追随している。私たちの時代が抱える問題は、このような酔っ払いが権力の座にあるということである。

しかし、健全な精神を持った人間が責任をとる時のことを考えなければならない。国内総生産以外の指標にしたがって経済を動かすこと、これが彼らの優先事項になる。

これが、共有財産なのであり、一人だけの利潤をめざす一人だけの個人的イニシアチブでは持続的に管理できない領域を集団で引き受けることへと論理的に導く。この観点から、アンドレ・ゴルツが（訳注）「知の経済」と呼んでいた中における知的財産が論点の核心になる。ゴルツはこう分析する。

「情報科学とインターネットは、商品の世界の根底に浸透している。デジタル化が可能で、再生産できるもの、無料でコミュニケートできるもの、すべてはどうしようもなく共有財産へと変わり、その上、誰でもアクセスでき、誰にでも使えるものになった時には、普遍的なものとなる。（中略）『有料ソフトウェア』と『フリー・ソフトウェア』に絡む争いは、時代の核心的争いの幕開けであった。それは拡大し、一次産品――土地、種苗、ゲノム（遺伝子）、

フランス経済成長解放委員会：サルコジ政権が設置した経済諮問委員会。ジャック・アタリが座長。
アンドレ・ゴルツ：ウィーン生まれのユダヤ人でフランスの哲学者、ジャーナリスト。マルクス主義系実存主義者。六八年の五月革命を契機に政治的エコロジーに関わるようになった。一九七〇年代からエコロジーに注目していた。二〇〇七年に病床の妻とともに薬物自殺。著書は「Ecology As Politics」、「Écologie et liberté」、「Lettre à D. Histoire d'un amour」、「Ecologia」など多数。

文化的資産、知識、一般的専門知識など日常文化を構成し、社会の存在の前提条件でもあるもの――の商品化との戦いにまで広がった。この戦いの成り行きがどうなるかは、資本主義からの対応が文明的か野蛮かで決まるだろう」（原注21）

いくつかの地球的共有財産のために整備された市場の創出が、もう一つの重要な論点である。これは見かけとは反対に、このような市場は効果的な連携機能、つまり大衆の力に依存するという事実によって資本主義と関係を絶つ。この本質的特性から、これはしばしば国際的なものになる。基本的な例が、ＥＵが実験を始めた温室効果ガス排出量取引市場や、気候変動枠組条約締約国会議で規定された「クリーン開発メカニズム（訳注）（ＣＤＭ）」である。その効果はまだ確認されていない。

資産とサービスの大部分はまだ市場経済の中にある。だが、価格は消費が環境に与えるインパクトと社会正義上の配慮を包摂するべく合意によって取り決められる。このようにして、質量に準じた価格設定を進めることが可能になる。例えば、人は誰でも毎日一定の量の水が必要である。この量は、低価格に設定される。そして、さらなる水の使用――もっとシャワーを浴びるとか庭に水をまくとか――は多めに請求される。追加量――車の洗浄やプールを満たすなど――はさらに高くなる。この累進的価格設定主義は――フランスではCO_2排出性能に応じて自動車の価格を加重したり軽減したりする「ボーナス／ペナルティー制度

(*bonus malus*)」から始まった――多くの消費財、特にエネルギー関連において適用できるだろう。問題は、たくさん消費すれば、まとめ買いで安くなる、という現在の考え方・原則を逆転させる、ということだ。

また、物をただ持っているよりも、それを分かち合った方が利益になる、ということもよくある。セルフサービス式レンタル自転車の導入がその道を開き、自動車、カメラ、芝刈り機などが後に続くかもしれない。これからの新しさとは、物そのものよりも、物の周辺に創り出される知的な社会的つながりの中により多く見出される。

金持に課税するのは当然である

大金持はこれからも存在するだろう。例えば、他人の三〇倍稼ぐと大金持ちか。もっと上か、下でも金持か、そんなことは多数決か何かで決めてもらおう。しかし、一〇〇倍、二〇〇倍、三〇〇倍以上、これは勘弁してもらいたい！　アメリカでは、ビル・クリントン政権

クリーン開発メカニズム：先進国が開発途上国に技術、資金などを支援し、温室効果ガス排出量の削減や吸収量増加事業を実施した結果削減できた排出量の一定量を自国の温室効果ガス排出量の削減分に付加できる制度。京都議定書の第十二条に規定されている。

の元労働長官、ロバート・ライシュ[訳注]がこう言っている。

「一九五〇年代では、非常に高い所得に対しては税率九一パーセントの税金がかけられていた。現在では、ヘッジファンドの運用担当者にかけられる税金は税率一五パーセントである。もし彼らにかけられる税率が四〇パーセント以上だったとすれば、アメリカに愛想を尽かす者はわずかしかいなくなるだろう[訳注][原注22]」

さらに進めて、ヘッジファンドなど無くしてしまうことだってできる。いずれにしても、非常に高い所得への課税は、正義と社会的調和のある環境をめざし、盗まれた金を共同社会に返す——つまり、役に立つ活動への融資のこと——ための前提条件である。脱税とタックスヘブンとの諸国家が連携した戦いは、この政治を補完するものである。

最大許容所得がこの論理に引き続く。議論はオランダの財務大臣ヴァウター・ボス[訳注]が始めた。彼は企業幹部の報酬に上限を設けたいと考えていた。彼は言っている。

「あまりにも理不尽な高報酬であるだけでなく、報酬に見合う仕事をしているかどうかもよくわからない[原注23]」

また、一九九五年に国連の一機関から提起された、巨万の富の遺産から税を徴収する、というアイディアも再考すべきだ。[原注24]世界には、一〇〇〇万人の億万長者がいる。その全財産は四〇兆七〇〇〇億ドル（約四〇〇〇兆円）に上ると考えられる。[原注25]世界の貧困と飢餓を減らすことをめざした「ミレニアム開発目標」(訳注)を達成するためには、二〇一五年までに毎年一九五〇億ドル（約一九兆五〇〇〇億円）必要であると、二〇〇五年に見積もられている。(原注26)一〇〇〇万人の億万長者の遺産から五パーセント徴収すれば、ちょうど足りる。

ロバート・ライシュ：アメリカ合衆国の元労働長官、経済学者、文筆家、カリフォルニア大学バークレー校教授。一九四六年生まれ。アシュケナージ系ユダヤ人。クリントン政権下の一九九三年から一九九七年まで第三十二代労働長官を務めた。著書『ザ・ワーク・オブ・ネーションズ』（一九九一年）で、アメリカの人口の二割にすぎない知識労働者が富の大部分を占め、その他の階層との断絶が激化すると予言した。

ヘッジファンド：オフショア以外の地域に籍をおくファンドではファンド自体に課される税金に加えて、投資家の居住国でも課税され、かつ控除が認められない場合が多く、海外の投資家にとっては二重課税となってしまい税務上不利となるので、ケイマン諸島やバージン諸島などのタックスヘブンに書類上登記し、運用担当者は東京、ニューヨーク、香港、ロンドンなどの金融センターにいることがある。ちなみにアメリカのヘッジファンドの大半は、アメリカに籍を置きアメリカで運用し、かつアメリカの投資家のみにアクセスを提供している。

ヴァウター・ボス：元オランダ労働党党首で、二〇〇七年から二〇一〇年までバルケネンデ政権で財務大臣と副首相を務めた。二〇一〇年三月、子育てに専念するとの理由で政界を引退した。

ミレニアム開発目標：二〇〇〇年九月の国連ミレニアムサミットで採択された国連ミレニアム宣言と、一九九〇年代開催の主要な国際会議で採択された国際開発目標を統合し、共通の枠組みとしてまとめたもの。二〇一五年までに達成すべき目標として八項目を掲げている。①極度の貧困と飢餓の撲滅、②普遍的初等教育の達成、③ジェンダーの平等の推進と女性の地位向上、④幼児死亡率の削減、⑤妊産婦の健康の改善、⑥ＨＩＶ／エイズ、マラリアその他疾病の蔓延防止、⑦環境の持続可能性の確保、⑧開発のためのグローバル・パートナーシップの推進。

質素、粗食、充足、適度の消費、これらを何と呼ぼうか？　コマーシャルのまばゆいご託宣は、買わないと損しますよと、私たちを説き伏せてきた。ところが、冷蔵庫も皿洗い機もトースターもマイクロウェーブも睡眠薬もウォークマンもバギーも、これら何もなくても人生は楽しいことに気がついた。テレビもいらないの？　ああ、それもいらないさ！

こうしたモノはみんな私たちの注意を集める。かかりきりにさせようとする。

「ああ、電池が切れた。また携帯をチャージするのを忘れたよ。しまった、こないだの一五チャンネルの番組、見逃した。ちぇっ、このトースターまた故障だよ。新しいの買わなくちゃ」

モノ中毒から解放されると、人や自分自身と過ごす時間が増す。

石器時代かって？　いいではないか。

なぜ物質消費を減らすべきかはすでに書いた。繰り返すのはやめる。とにかく、石油価格の値上げと不況の始まりが示すように、富裕国の中流階級が否応なしの状況に立たされる可能性が非常に大きい。これに甘んじるのなら、むしろ習慣を変える方を選べばいい。これには、経済というものを抑えがたい需要を引き受けた最大限の生産の追求としてではなく、資源と需要の一致として考えることが前提になる。このやり方は、大いなる自由の広がりを呼ぶ。レスター・ブラウンがいみじくも言っている。

「こんな質問をされる。『地球はどれくらいの人口を支えきれますか？』(原注27)　私はふつう、こう訊き返すことにしている。『どの水準の食糧資源でですか？』」

現実的に、世界の食糧問題は、肉の消費水準によって大変異なる。肉一キロを生産するのに、穀物七キロの労力を必要とする。かくして、ＩＰＣＣ議長のラジャンドラ・パチャウリが、気候変動が回避できる文明にどのように向かって行くのか、ときかれた時、「CO_2排出量が非常に高い肉の消費を減らすことです」と答えた。(原注28)

解決策はエネルギーの備蓄に関するのと変わらないが、どういった点が資本主義者には解けない結び目のように見えるのかは前章で見た通りだ。なぜ彼らには分からないのか？　それは、富裕国ですら、専門家や政策決定者の圧倒的大多数が消費の拡大を前提に物事を考えているからである。エネルギー消費の削減から考えれば、結び目は直ちにさらりと解けるのだが。

物質消費をいかに抑えるのか？　まず頭に浮かぶ考えが、プロセスの効率を良くすることだ。熱量の消費を減らしても住宅の暖房は同じようにできるし、電力消費を減らしても同じ量のワッフルの型は作れる。しかしこうした改良は、「リバウンド効果」で相殺されてしまう。工程の改良で得られた利益は、製品をより多く消費するよう促す。なぜなら、価格が下がるからである。かくして、輸送手段の生産性の継続的な改良が、コストを下げ、成長を促す。輸送による世界のエネルギー消費は、一九八七年から二〇〇四年の間に四六パーセントも増えた。(原注29) これが、なぜエネルギー効率——相対的な数値である——だけを考えていてはいけないか、そし絶対的省エネが正しいかを説明する。

リバウンド効果はエネルギー効率の利益だけではなく、経済学者のブレーク・オルコット(訳注)が示したように、消費の個人的削減にも適用できる。何人かが資産の消費を削減すれば価格は下がり、他人がそれを消費しやすくなる。そして、世界的な水準を保つ結果となる。(原注30)

もちろん、エネルギー効率とそれ自体の物質消費の削減を追求する必要がある。このやり方が、新しい文化的図式を規定し、社会的実現性を示すために不可欠であり、そしてまた、その民主的適用を容易にする。しかし、これだけでは世界的な物質消費を減らすには不十分だ。この目的のためには、毅然とした政策が求められる。それは、三つの軸に沿って進む。

——不平等の減少の軸。超大金持ちの存在を減らせば、寡占階級＝オリガルキーの過剰消費が虚栄的競争心を引き起こしている支配的な文化形態が変わる。名声が浪費と結びつくことはもうなくなる。

――すでに見た、資産のエコロジー的インパクトを包み込む、あるいは原料価格の自然上昇を妨げたりしない価格システムの軸。

――割り当ての軸。これは嫌な言葉だが、道路の速度制限や旱魃の際の散水禁止、あるいはまた京都議定書による温室効果ガスの排出制限などのような非常に月並みな現実に及ぶものである。割り当ての政策的問題は、危機の証拠を権威が力づくで否定する前に、それを実行することにある。

物質消費の低減を分かりやすくするための大切な条件は――「受け入れやすくするため」とは言っていない。なぜなら、低減は絶対に必要だと考えるからだ――この上なく重要なものになる共同の富が、社会的に有用な活動とエコロジーに対する弱いインパクトに使われることである。

例えば、都市開発は自動車の所有を不可欠にする。フランスでは、一部の社会的不平等の深刻化が金持をして都市に投資させている。社会学者に言わせれば、都市の中心から遠ざか

ブレーク・オルコット：イギリス、リーズ大学、ケンブリッジ大学経済学部博士課程研究員。アメリカ、オクラホマ州生まれ。数々の大学を転々とした後、ロサンゼルスで家具職人になり、チューリッヒで家具屋を開業。同時にエコロジー活動を始め、グリーンピースにも参加。二〇〇六年、ケンブリッジ大学の博士号を取得。現在リーズ大学で博士課程に在籍。

るにしたがって地価が下がる。（原注31）

都心には上級幹部が住み、その周りに中級管理職が、郊外にはサービス業、サラリーマン階層、最後は労働者階層が田舎に住む。この人たちは、公共交通機関がないため、仕事や買い物に行くには自分の車に頼らざるを得ない。土地投機を抑えることで――金持の所得を抑えつつ――都市人口を回復する、こうすることで車の必需品的性格が弱くなり、通勤距離を短縮し、公共交通の採算を上げる。不平等との闘いとエコロジーの進展は二人三脚だ。

労働時間の短縮は社会的エコロジーと不可分である、と言うべきか？　これ以上生産する必要はない。逆に、若者、年輩者、女性の活動を優遇して、もっと効率よく労働を分担するべきだ。（原注32）そして、労働から解放された時間、市民はくたくたに疲れて夜のニュース番組を見るかわりに政治議論に参加することができる。

同じく、日曜日の俗化も放逐すべきだ。資本家は、生活展開を総商品化で矮小化し、余暇を消費で埋め尽くすのにまい進する。私たちには、何もしない時間が必要だ！　スローライフを味わう時間が。

「現代人を心理的に圧迫しているのは大部分が、時間に関わる圧迫である」

哲学者、アラン・バディウ（訳注）は言う。

「私たちには、スピードが最も重要な要素になり、寸断された、断続的な、ばらばらになった時間を強要されている。この時間は何かを計画する時間ではなく、消費し、給与生活を送る時間だ。もう一つの時間性を強く提起する試み、それが勇気である」(原注33)

美しい庭、地球

エネルギー価格の上昇で輸送費が上がり、産業活動を「復帰」させる。つまり、生活必需品が輸入依存から、現地生産に戻る。これは、自治領域の再建を助け、個人、家族、共同体は市場に頼らずに必需品の一部を充足できる。これにより、交換活動が減少し、商品の運搬で生じる公害も減少し、環境を改善し、普段から自分たちの資源を大切にしている人々を元気にする。さらに人は、生活の創造的な技《わざ》を取り戻し、終局の資本主義に特徴的な欲求不満のノイローゼがやわらぐだろう。イングマール・グランステット(訳注)は分析する。

アラン・バディウ：フランス人哲学者。一九三七年、モロッコのラバトに生まれた。五月革命では毛派、ジャック・ラカンのゼミに参加した。数学者で小説、戯曲も執筆する。パリ大学教授、エコールノルマル教授などを務め、現在は国際哲学学院で教える。ニコラ・サルコジを新たな恐怖政治の症候としてとらえ、「チビ・ナポレオン」と批判している。

イングマール・グランステット：フランスの社会経済学者。一九四六年、スウェーデン生まれ。工業化の社会的影響の研究が専門。神学に関する著作もある。

「これは『ろうそくの生活に戻る』のではなく、終わりのない、とどまるところを知らない競争を拒否することによって、科学的好奇心と技術的想像力を歓迎し、しかも人間的レベルの領域の生活と両立できるような新しい今日的テクノロジーを考え出すことを、私たちに余儀なくさせるということの率直で勇敢な認識なのだ（原注34）」

これは、より幅広く言えば、この自我にまだ意味があるかぎり、成長発展の概念さえ変えることである。支配者の図式に従えば、世界は西洋が十九世紀末の産業革命で歩んだ道を辿らねばならなくなる。（原注35）農業生産性の向上、農村の過疎化、都市労働者の搾取、工場制マニュファクチュアの生産力の向上、生活水準の総体的改善、などだ。しかし、この図式はもう機能しない。なぜか？　まず、西洋がその汚染を吸収させるために生物圏を好きに使い、そこに大量の原料を注ぎ込んだからだ。これは、エコロジー状況が工業化を厳しく限界づけている南半球の大国にはもはや適応しない話である。大気汚染、水質汚染、旱魃、洪水、暴風雨、生物多様性の喪失などは、次第に経済発展に対して敏感にブレーキをかけている。次に、貧困国においては、農業の生産性は十分に向上していない。農村の過疎化が進行しているのは、農家の貧困化が広がっているからである。しかも、すでに工業生産力があまりにも高くなり、都市は農村から押し寄せてくる人々に十分な仕事を供給できるまでには至らない。都市には、何十億を越える貧民スラムがひしめき合っている。三番目は、ヨーロッパはその過剰の貧困をアメリカ、オーストラリア、南アメリカに向けて大量に流し込むことができた――「インディオ」やアボリジニーズが割を食ったわけであるが――ということだ。今世紀に、同じ可能性が貧困の南半球にある、というのはいささか疑問である。

ここでもまた、支配的考え方を覆す必要がある。未来は、工業やテクノロジーの中にはなく――工業やテクノロジーがたとえつねにそこにあったとしても――、農業にある。これはまた、労働運動が崩壊したのに対して、今の時代に最も象徴的な闘争の一つが遺伝子組み換え生物問題をめぐって展開しており、それが大きく農民によって支えられているとしても、決して偶然ではない。これは、雇用を抑え、人的資源のパテントを取得し、農民による農業を圧迫する環境軽視の産業モデルを阻止することに他ならない。

農業の主要な役割は、二〇〇七年、農産物の価格の高騰によって――一部にはバイオ燃料の開発に誘発されて――ダッカからポールトープランス、マニラからドゥアラ、アビジャンからジャカルタへと次々と食糧暴動が引き起こされた時、ようやく認識された。

「小作農家を救済しなければならない」

二十年にわたって市場開放と工業発展を唱道して来た挙句に、世界各国政府、諸団体はこう言ったのだ。後は、この言葉を具体的展開に置き換えるだけである。それは、農家が肥料を手に入れ、地域市場に売り先を見つけ、種子を共有し、農業指導を仰ぎ、地域社会の知恵を復活し、森林農業を開発させられるような農業政策を整備する、ということである。富裕国でも同様に、工業的農業はエコロジーへの大きなインパクトの割には、収穫高において限界に達しており、環境を大切にし、雇用を創出する新しい農業が再発見されなければならない。

永続的平和に向かって

協力とは、社会内の個人と集団の間だけで発展すればいいものではなく、国際的レベルで、あるいは地球的レベルで発展すべきなのだ。国家は、協力か対立かを選択することができ、何らかの形でこのどちらかの態度に肩を持つ議論は無い。対立はよくある形態で、しばしば戦争につながる。しかし、環境危機が国家間対立の伝統的あり方を変えるよう求めている。それは、たとえ南極の石油資源にロシアやカナダの寡占階級＝オリガルキーが胸を躍らせても、生物圏の調節機能のアンバランスを前にして、儲かったも損したもないからだ。うまくいったとしても、みんな得するとは限らない。だから、論理的に言って、国家同士が協力した方が得策なのだ。しかし、エコロジーの危機のインパクトは、南半球の国に対しての方が重く、富裕国は独自に適応の方策を探したくなるかもしれない。戦争か平和かの確率は五分五分である。

それでも、現在までのところ、環境は戦争よりも協力の方を引き出してきた。よく言われてきたこととは反対に、水資源へのアクセスをめぐる対立は「水戦争」にまで至っておらず、逆に協力へと導かれている。オレゴン大学の研究者はそこで、水問題をめぐってこれまでの五十年間に国家間に起きた一八三一件の「やりとり」を分析した。そして、そこからわずか三七件の武力衝突しか起きておらず、そのうち三〇件はイスラエルとその隣国との間のものであったことを確認した。逆に、同じ時期に水の共有協定が二〇〇件近く調印されている。(原注36)

困難は大きくなっているけれども、選択の道は開かれている。国家間競争と戦争、あるいは地球的利益の追求と協力。嵩じる無秩序の中で、犯罪的資本主義の潮流が持てる大量の武力を使い、新しい精神が広めた酵母がまだ十分にふくらんでいない人々の不安を利用して、共同管理の力に勝つかもしれない。もし、協同組合的論理を社会の深奥部に強いることが実現できなければ、資本主義の独裁的発展が国際的次元でアグレッシブに推し進められるだろう。

武力衝突を経ずに節約の社会に向かって行けるのだろうか？　資本主義政府が、エコロジー的に役に立たないどころか、むしろ有害な「経済振興政策」を企てて、独裁主義的答を押しつけてくるのを避けることはできるのか？　私には分からない。暗い展望を前にして、鐘が鳴る。未来の光を輝かせることのできる心優しい男と女の時代が来たことを告げる鐘が。

原注

序文

1　「これぞまさに「栄光の三十年間」、と熱狂的で思い入れたっぷりな……」：Fourastié , Jean, *Les Trente Glorieuses*, Fayard, collection "Pluriel", 2004(1ère édition; 1979).

2　「二年前、私はこう書いている。「私たちは継続的で地球的な規模の……」：Kempf, Hervé, *Comment les riches détruisent la planète*, Seuil, 2007, p.30.

3　「ソースティン・ヴェブレンに立脚しつつ……」：*Théorie de la classe de loisir*, Gallimard, 1970.

第一章　資本主義は何を残したか——その消滅の前に——

生産性の奇跡

1　「生産性の分野では最も評価が高い歴史学者、アンガス・マディスンは……」：Maddison, Angus, *L'Économie mondiale. Une perspective millénaire*, OCDE, 2001, p.371.

2　「二〇〇〇年から二〇〇六年にかけて、OECD加盟国……」：OCDE, *OECD Factbook 2008*, 2008, p.262.

3　「マイクロプロセッサーのパフォーマンスの進化の度合いは……」：« Coût du traitement d'un

million d'information, en dollars de 2005 », «source OCDE», *in* : Lefournier, Philippe, "Nos trios révolutions silensieuses", *L'Expansion,* octobre 2007.

4 「それは、こんにち地球上で一〇億台以上の……」: « PCs In-Use Surpassed 900M in 2005 », *Computer Industry Almanach*; Press release, 22 mai 2006.

5 「息子のジョゼフがドラムを叩いているバンドの……」: myspace.com/lesgoodies, consulté en juin 2008.

6 「例えば、一九九〇年代初頭、石油価格は底を突いており……」: Koerner, Brendan, « The Trillion-Barrel Tar Pit », *Wired*, juillet 2004.

7 「もう一つの例としては、フランス、ダンケルクのアルスロール社の……」: Jean Sename, communication personnelle, juillet 2008, à partir de données de la DRIRE, de la Chambre de commerce de Dunkerque, et de l'ouvrage de Jean-Marie Perret, *Usinor Dunkerque ou l'Espoir déçu des Flamands*, Westhoek Éditions, 1978.

8 「乳牛一頭が生産する牛乳の年間平均量は、例えばフランスでは一九八〇年……」: Vincent Chatellier, économiste à l'INRA, Nantes, communication personnelle, juillet 2008, sur données de l'Institut de l'élevage.

投機家の天下

9 「二〇〇二年、世界のGDPは三二兆ドル……」: Précisément 1,155million de millards de dollars. Morin, François, *Le Nouveau Mur de l'argent*, Seuil, 2006, p.48.

10 「世界の金融市場ではこうした形で、一九七〇年の一〇〇億ドルから……」: Morin, François, *ibi-*

dem, p.36.

11 「開発途上国の対外借款は一九六八年の五〇〇億ドルから、最終的に……」: Millet, Damien, et Toussaint, Éric, *50 questions, 50 réponses sur la dette, le FMI et la Banque mondiale*, CADTM-Syllepse, 2002, p.49 et 65.

12 「一九七〇年から一九九三年の間に、実質公定歩合はマイナス二パーセント……」: Morin, François, *Le Nouveau Mur de l'argent, op.cit*, p.41.

13 「エコノミスト集団セルクルのジャン・エルヴェ……」: Lorenzi, Jean-Hervé, « Est-il encore temps d' éviter la dépression mondiale ? », *Le Monde*, 21 mars 2008.

新資本主義の根幹にある腐敗堕落

14 「マックス・ウェーバーは資本主義の理念の根幹にプロテスタントの……」: Weber, Max, *L'Éthique protestante et l'Esprit du capitalisme*, Presse Pocket, 1989.

15 「このことに最初に注目した一人、アラン・コッタは、この原因を……」: Cotta, Alain, *Le Capitalisme dans tous ses états*, Fayard, 1991, p.90 et 106.

16 「ロベルト・サヴィアーノのナポリ・マフィアに関する完璧な調査が……」: Saviano, Roberto, *Gomorra, dans l'empire de la Camorra*, Gallimard, 2007, p.139 et 140.

17 「オフショア金融は、世界的大企業グループが当然利用しようとしている……」: Morin, François, *Le Nouveau Mur de l'argent, op.cit*, p.167.

18 「マサチューセッツ大学の二人の学者の研究によると……」: James Boyce, et Léonce Ndikumana, université du Massachusetts à Amherts, cités par : Sindzingre, Alice, «La vulnérabilité finan-

cière des pays pauvres », *Le Monde*, 27 mai 2008.

19 「ドイツ司法当局が暴き出した企業連合……」: « Corruption chez Siemens : le premier prévenu reconnaît l'existence de caisse noires», AFP, 26 mai 2008.

20 「フランスの金属工業組合の隠し口座はまだ控え目なものだが……」: Bezat, Jean-Michel, «Alstom visé par une enquête sur une affaire de corruption», *Le Monde*, 8 mai 2008 ; Barelli, Paul, « Accusé de corruption, un ancient dirigeant de Thalès dit être un "fusible" », *Le Monde*, 6 juin 2008.

21 「スペイン不動産業界の犯罪マネー……」: Chambraud, Cécile, «Coup de filet du juge Garzon contre la mafia russe sur la Costa del Sol », *Le Monde*, 18 juin 2008.

22 「リトアニアの市議会による建設許可の不正売買……」: Truc, Olivier, «Les élites lettones dans la ligne de mire des juges anticorruption » *Le Monde*, 2 mai 2008.

23 「アイオワ大学とインディアナ大学の二人の研究者によれば……」: Heron, Randall, et Lie, Erik, « What fraction of stock option grants to top executives have been backdated or manipulated? », 1er novembre 2006, http://www.biz.uiowa.edu/faculty/elie/backdating.htm.

24 「チャールズ・プリンスなる御仁は、シティグループの株価が……」: Anderson, Sarah, « Despites failures, CEOs cash in », IPS, 14 avril 2008.

25 「パトリシア・ルッソは取締役を務めるアルカテル……」: Michel, Anne, « Patricia Russo veut un parachute doré de 6 millions d'euros », *Le Monde*, 22 mai 2008.

26 「その現象は公けに確認されており……」: cité par Baudet, Marie-Béatrice, « Les soupçons du ministre de la Justice américain», *Le Monde*, 3 juin 2008.

27 「判事のジャン・ド・マイヤールは言う。『彼らは今、ヨーロッパで……』」: Maillard(de), Jean, « La criminalité financière dessine le monde de demain », *XXL*, avril 2008.

28 「その一方で、腐敗堕落と非合法取引の経済が……」: Chavagneux,Christian, et Palan, Ronen, *Les Paradis fiscaux*, La Découverte, 2006, p.17.

不平等の勝利

29 「一つ目は、経済学者のカローラ・フライドマンとレイヴン……」: Frydman, Carola, et Saks, Raven, *Historical Trends in Executive Compensation, 1936-2003*, 2005.

30 「二〇〇六年には、アメリカの最富裕層の一割が……」: Saez, Emmanuel, *Striking It Richer : the Evolution of Top Incomes in the United States*, 15 mars 2008.

31 「そして貧困層は相変わらず大量で、おそらく……」: Cohen, Daniel, *Trois Leçons sur la société post- industrielle*, Seuil, coll. « République des idées», 2006, p.58.

経済主義世界

32 「ジェームズ・フルチャーはこう解説している。……」: Fulcher, James, *Capitalism*, Oxford University Press, 2004, p.116.

33 「世界の物とサービスの交易は、一九七九年……」: « World trade in goods and services(volume) s.a., in billions of 2000 US dollars », OCDE, http://stats.oecd.org/wbos/Index.aspex?querytype=view&queryname=167, consulté le 12 juillet 2008.

34 「山の向こうに何があるか行って見てみたいと思う人間の本能は……」: Fulcher, James, *Capitalism*, Oxford University Press, 2004, p.90.

35 「二〇〇七年の公式統計によると、チャンネル数は二〇〇〇以上……」: Puel, Caroline, « Le nombre de chaîne explose », *Le Point*, 20 décembre 2007.

36 「開発途上国あるいは新興国は富裕国の繁栄のイメージに染まっている……」： propos recueillis par Christian Losson, *Libération*, 1er avril 2008.

37 「インドの中流階級はイギリスの連続テレビドラマ、ディスカバリー……」Sudha Mahalingam : communication personnelle, juin 2008.

38 「中国人の消費形態を左右するイメージ……」：Yan, Liu, « Parés pour la société de consommation », *Zhongguo Xinwen Zhoukan*, traduit par *Courrier international*, 6 septembre 2007.

39 「今、世界人口の四分の一以上が世界の消費者層を形成している……」：Gardner, Gary, « Prosper sustainably, or prove Malthus right », *Los Angeles Times*, 8 mai 2008.

アントロポセン（人類中心紀）へようこそ

40 「クラゲにとって二十一世紀はまるで……」：Lynam, Christopher, *et al.*, « Jellyfish overtake fish in a heavily fished ecosystem », *Current Biology*, vol.16, n° 13, 2006.

41 「例えば、数百万平方キロメートルにもわたる……」：Cox, Peter, *et al.*, « Increasing risk of Amazonian drougt due to decreasing aerosol pollution », *Nature*, 3mai 2008.

42 「ゴダード宇宙研究所所長、ジェームズ・ハンセンは後者の旗頭で……」：Hansen, James, « Global warming twenty years later : tipping points near », témoignage devant le Congrès des États-Unis, 23 juin 2008.

43 「私たちの研究によれば、深刻な危険状態に陥らないために……」：propos recueillis par Laurence

Caramel et Stéphane Foucart, *Le Monde*, 8 juillet 2008.

44 「新たな地質紀としてのアントロポセン（人類中心紀）……」: Zalasiewicz, Jan, *et al.*, « Are we now living in the Anthropocene ? », *GSA Today*, vol. 18, n°2, février 2008.

第二章　マーケット・ノイローゼ症候群

個人、裸の王様

1 「それは、人間関係において過度の地位を個人に与え、大衆の意識を……」: Rey, Olivier, *Une folle solitude. Le fantasme de l'homme autoconstruit,* Seuil, 2006.

2 「この資本主義哲学者に言わせれば、『人間は自分の利益のためだけに……」: Rand, Ayn, *La Vertu d'égoisme*, Les Belles Lettres, 2008, p.60.

3 「個人は誰も、持てる資財に有利に……」: cité par Postel, Nicolas, « Les approches du marché », *Alternatives économiques,* hors-série n° 77, 3e trimester 2008, p.20.

4 「個人は自分が関わろうと決めた事としか関わらない……」: Ehrenberg, Alain, « Agir de soi-même», *Esprit*, juillet 2005, p.201-202.

5 「一九六〇年代を通して始まった……」: Alain Ehrenberg, cité par Testard- Vaillant, Philippe, « Le stress, fléau de la modernité», *Le Journal du CNRS*, septembre 2007.

6 「社会とは誰のことですか？　社会というものは存在しません……」: Propos recueillis par Douglas Keay, « Aids, education and the year 2000 ! », *Woman's Own*, 31 octobre. Voir: www.margaret-

thatcher.org/speeches/displaydocument.asp?docid=106689.

7 「そもそも『資本主義は人間社会の自然な秩序である』と……」: Comant, Bruno, « L'homme révolté », *Le soir*, 5 février 2008.

8 「この『優性』への祝福は、一九九〇年代に……」: Roubertoux, Pierre, et Carlier, Michèle, « Le QI est-il héritable ? », *La Recherche*, n°283, janvier 1996.

9 「この説を支持する大学人が多数署名した宣言文が……」: Gottfredson, Linda, *et al.*, « Mainstream science on intelligence », *Wall Street Journal*, 15 décembre 1994.

10 「例えば、自然淘汰がいかに金持の生存を可能にするか……」: Clark, Gregory, *A Farewell to Alms*, Princeton University Press, recensé par Friedman Benjamin, « Darwin and the industrial revolution », *International Herald Tribune*, 8 et 9 décembre 2007.

11 「男たちは家族から逃げ出し、沈黙と抑うつに閉じこもる……」: Burgi, Noëlle, « Travail, chômage, le temps de mépris », *Le Monde diplomatique*, octobre 2007. Recensant le livre de Jamoulle, Pascale, *Des hommes sur le fil. La construction de l'identité masculine en milieux précaire*, La Découverte, 2005.

12 「自分対他人という単純化した組み合わせで社会性を個人に……」: Ehrenberg, Alain, « Agir de soi-même », *Esprit*, juillet 2005, p.206.

13 「株式市場は、『エゴとエゴの闘いが繰り広げられている場』……」: Thami Kabbaj, propos recueillis par C.G., *Le Monde*, 26 avril 2008.

14 「そして、エゴの塊のような投機家の精神分析を命じる判事が……」: «Jérôme Kerviel soumis à une

expertise psychiatrique », *Le Monde*, 11 mars 2008.

15 「ルノーやプジョーに設置されたストレス監視所や……」: Thébaud-Mony, Annie, propos recueillis par Terrier, Nelly, *Le Parisien*, 19 juillet 2007.

16 「労働の世界では、強者と弱者がいて、一方は権力を持ち……」: Pierre-Yves Verkindt, propos recueillis par Marie-Béatrice Baudet, *Le Monde* , 16 octobre 2007.

17 「ドイツではサラリーマンが会社を設立して、元の雇用主に……」: Vernet, Daniel, « Le désarroi de la classe moyenne », *Le Monde*, 25 janvier 2008.

18 「プジョーの組合活動家、マルシアル・プチジャンが……」: cité par Calinon, Thomas, « On a besoin de comprendre », *Libération*, 18 juillet 2007.

19 「つまり、優れた支配のやり方とは、人々を……」: Dejours, Christophe, « Souffrir au travail », propos recueillis par Stéphane Lauer, *Le Monde*, 22 et 23 juillet 2007.

20 「クロード・アレーグルのような既成の秩序を支持する者に……」: Allègre, Claude, *Ma vérité sur la planète*, Plon, collection «Pocket », 2007,p.177.

21 「この永続的競争は、『恐怖が拡散し、恐怖の行き場所がなく……』」: Granstedt, Ingmar, *Peut-on sortir de la folle concurrence ?*, La Ligne d'horizon, 2006, p.26.

公共空間の私物化

22 「モータリゼーションのおかげで高齢者や身障者も美しい場所に……」: Crié, Hélène, « Le droit des 4×4 à la nature », *Politis*, 24 janvier 2008.

23 「逆に、自動車は都市部空間の七〇パーセントを……」Sunita Narain : communication person-

nelle, janvier 2007.

24 「インドのように企業が政府の後押しで、農民から土地を……」: McDougal, Dan, « Spinning wheels », *The Ecologist*, avril 2007.

25 「インド中どこでも工業開発の名の下に……」: Narain, Sunita, « Remembering Kalinganagar », *Down to Earth*, 31 janvier 2008.

社会的絆の喪失

26 専門家の解説 :「こんにちは、ポミエ博士。この現象は……」: *Bienvenue en 2007*, juillet 2007, notes du travail communiquées à l'auteur par Nicolas Lambert.

27 「新しい個人主義化テクニック……」: Halimi, Serge, *Le Grand Bond en arrière*, Fayard, 2006, p.393.

28 「以前は、困難な労働条件、不正、いやがらせ……」: Dejours, Christophe, « Souffrir au travail », propos recueillis par Stéphane Lauer, *Le Monde*, 22 et 23 juillet 2007.

29 「市民に与えるために国の金を分捕る、これは正しい……」: Carlos, Ghosn, interviewé par Jean-Pierre Elkabbach, Europe 1, jeudi 29 mai 2008.

30 「出力一メガワット（ＭＷ）の風車が一年間で……」: « L'éolien en chiffres», *Planète éolienne infos*, n°3, mai 2008.

31 「現実には、全フランスの二五七〇万世帯は……」: INSEE.

32 「合計で四八〇テラワット／時、いいかえれば各世帯ごとに……」: *Statistiques énergétiques France*, juin 2008, Observatoire de l'énergie.

33 「『自然と発見』の『消費〝役〟者になる』では……」: Fondation Nicolas Hulot, *Le Petit Livre vert pour la Terre*, juillet 2007. Vibert, Emmanuelle, et Binet, Hélène, *Être consom'acteur*, Nature et Découvertes, éd. Plume de carotte, 2007. EDF, *E=moins de* CO_2, 2007.

34 「あとは『政治家と実業家がやってくれる……」: Fondation Nicolas Hulot, *Le Petit Livre vert pour la Terre*, juillet 2007.p.3.

家族、引き裂きます

35 「フランスでは、離婚は一九六四年の年間三万二〇〇〇件から……」: Cheysson-Kaplan, Nathalie, « Quand la Famille se recompose », *Le Monde*, 24 et 25 février 2008.

36 「ミシガン州立大学の二人の研究者は……」: Yu, Eunice, et Liu, Jianguo, « Environmental impacts of divorce », *Proceedings of the National Academy of Sciences*, 3 décembre 2007.

37 「それは同時に、支配的価値観……」: Seabrook, Jeremy, *The No-Nonsense Guide to World Poverty*, New Internationalist, 2007, p.18.

38 「そして、何でも金にする資本主義……」: Vatel, Madeleine, « Les grands groupes russes seront bientôt autorisés à lever leur propre armée », *Le Monde*, 6 juillet 2007.

39 「看守の増員――フランスでは毎年八・五パーセントずつ……」: Mongin, Martin, « Alarmante banalisation des vigiles », *Le Monde Diplomatique*, janvier 2008.

40 「フランス政府は二〇〇八年二月にブイグと刑務所……」: Bouniot, Sophie, «Le "marché de l'incarcération" est ouvert», *L'Humanité*, 26 février 2008.

41 「そして、監視と規制の技術総体は、毎年世界的規模で……」: Chichizola, Jean, « Le boom persis-

tant du marché de la sécurité », *Le Figaro*, 8 octobre 2007.

生きるとは、消費すること——そして裏切られること

42 「湖北省からやって来た観光客一二〇人が……」: Pang, Damon, and agencies, « Macau tries to play cool on shop-rage clash », *The Standard*, 6 décembre 2007.

43 「コカコーラ社に何を売っているのかと言えば……」: cité dans les Associé d'EIM, *Les Dirigeants face au changement*, Editions du Huitième Jour, 2004, p.92.

44 「このすばらしき進歩は……」: 533 milliards de dollars en 2008, selon Aegis Group, communication personnelle, juillet 2008.

45 「一九六〇年代に早くもジャン・ボードリヤールが……」: *Le Système des Objets*, Gallimard, collection « Tel », 1978. *La Société de consommation*, Gallimard, collection « Folio », 1996.

46 「肥満は、ＷＨＯによれば四億人が感染している世界的規模の……」: www.who.int/mediacentre/factsheets/fs311/en/index.html.

47 「フランスの七歳から九歳までの児童の一七パーセントが……」: www.news-medical.net, « Prevalence of childhood obesity levels off in France », 15 mai 2008.

48 「脂肪分が多い食べ物や甘い食べ物の宣伝文句の露出が……」: Hastings, Gerard, *et al.*, *The Extent, Nature and Effects of Food Promotion to Children: a Review of the Evidence*, WHO, juillet 2006.

49 「食品関係企業が局の売り上げの二割を占めており……」: cité par Girard, Laurence, « Les bonbons de la colère », *Le Monde*, 12 mars 2008.

50 「多くの人類学的研究は、ヒトがその環境に……」: Delion, Pierre, *et al.*, « Un moratoire pour les

bébés téléphages », *Le Monde*, 27 octobre 2008.

すべては買われ、すべては売られる

51 「それは、世界的な金権主義による……」: Marx Karl, *Misère de la philosophie* cité par Poulin, Richard, *La Mondialisation des industries du sexe*, Imago, p.104.

52 「ここ三十年来、セックスビジネスにおける最も大きな変化は……」: Poulin, Richard, *La Mondialisation des industries du sexe*, *op. cit.*, p.69 et 183.

53 「この十年で売春が急激に増加し、セックスビジネスは……」: Lim, Lin Lean, *The Sex Sector :the Economic and Social Bases of Prostitution in Southeast Asia*, International Labour Office, Genève, 1998.

54 「一九八一年は二五〇〇人だったが、一九九七年には三万人に……」: Poulin, Richard, *La Mondialisation des industries du sexe*, *op. cit.*, p.27.

55 「オーストラリアはというと、『セックス労働者』の数は二万人を数える……」: Cusick, Sean, « Brothels Buckle as Aussies Tighten Belts », ninemsn.com, 4 juin 2008.

56 毎年一〇〇〇人もの数のリトアニア人女性が売春婦になるため外国に出て行く……」: Le Bourhis, Éric, « La prostitution en Lettonie », *Regards sur l'Est*, 15 mars 2008.

57 「ところが、二〇〇八年の初頭にはマッサージサロンが二〇〇軒……」: « From Treks to Sex», *The Economist*, 26 janvier 2008.

58 「人身売買はセックス目的だけに限らない……」: Moorehead, Caroline, *The New York Review of Books*, traduit par *Courrier international*, n° 917, 29 mai 2008.

59 「十三歳から十五歳の子供らが人身売買業者の……」: Moorehead, Caroline, *The New York Review of Books*, traduit par *Courrier international*, n° 917, 29 mai 2008.

60 「一世帯毎に、家政婦と運転手を雇うことができ……」: « Titres de séjour à vendre», *Courrier international*, n° 917, 29 mai 2008.

61 「ベナンのドゥウンタ村で買われた三人の子供が象牙海岸の……」: Lopez, Xaquin, *El País*, traduit par *Courrier international*, sous le titre « Sur la piste des enfants esclaves», n° 900, 31 janvier 2008.

62 「臓器売買は一九九〇年代に盛んになり、患者がインド、パキスタン……」: Shimazono, Yosuke, « The state of international organ trade », *Bulletin of the World Health Organization*, 1er novembre 2007.

63 「困窮状況が、一万五〇〇〇ドルより安い……」: Friedlaender, Michael, « The right to sell or buy a kidney: are we failing our patients? », *The Lancet*, 16 mars 2002.

64 「モルドバは最も新しい供給源だ。国際的人身売買組織が増加し……」: Codreanu, Irina, *Ziarul de Garda*, traduit sous le titre « Au pays des organes bon marché» par *Courrier international*, n° 900, 31 janvier 2008.

65 「WHOの徹底調査によると、合法……」: Shimazono, Yosuke, « The state of international organ trade », *Bulletin of the World Health Organization*, 1er novembre 2007.

66 「中国は二〇〇七年四月、臓器販売禁止法を採択し……」: Imbert, Louis, « Le "tourisme de transplantation "semble diminuer à travers le monde », *La Croix*, 8 avril 2008. Belghiti, Jacques, « La

Chine doit cesser de vendre les organes de ses condamnés à mort », *Le Figaro*, 28 novembre 2007.

67 「インドは一九九四年すぐに、臓器販売禁止法を採択したが……」: Jamwal, Nidhi, « Edge of unreason », *Down to Earth*, 15 mars 2008.

68 「〝在庫切れ〟になっていたこの養子縁組センターは……」: Maury, Pierre, et Rabeherisoa, Andry, « Madagascar, trafic d'enfants », *Alternatives internationales*, novembre 2005.

69 「グアテマラ司法当局は、子供の密売でマフィア組織は……」: Caroit, Jean-Michel, « Au Guatemala, les autorités tentent de freiner le trafic d'enfants», *Le Monde*, 15 août 2008.

70 「夫婦は代理母を容姿、学歴、健康的生活状況を基準に……」: Richard, Emmanuelle, « Des bébés made in USA», *Libération*, 3 et 4 novembre 2007.

71 「彼らは、一万五〇〇〇ユーロを返還し、授精用として夫が精子を……」: Stroobants, Jean-Pierre, « Aux Pays-Bas, le père biologique d'un bébé vendu par sa mère est débouté », *Le Monde*, 31 octobre 2007. Grosjean, Blandine, « Donna, un bébé vendu aux enchères », *Libération*, 7 juin 2005.

72 「医師、弁護士、会計士など高給取りの人たちは料金が払えるが……」: cité par Gentleman, Amelia, « India nurtures business of surrogate motherhood », *New York Times*, 10 mars 2007.

73 「見るも無残な貧困で身動きすらできない国で……」: « Renting a womb is morally wrong», *The Times of India*, 5 février 2008.

パンとゲームとセックス

74 「性的搾取というとらえ方そのものが大衆の意識のスクリーンから……」: Badinter, Élisabeth, « Rendons la parole aux prostituées », *Le Monde*, 31 juillet 2002.

75　そこで、売春の自由を支持する女性哲学者のエリザベット・バダンテール……」：www.boursier.com, « Publicis» , consulté le 25 juin 2008.

76　「二〇〇〇年、アメリカ人二一〇〇千百万人が最低一日に一回は……」：Egan, Timothy, « Erotica inc. - A special report : technology sent Wall Street into market for pornography », *New York Times*, 23 octobre 2000.

77　「児童ポルノ、獣姦、ブッカケ（顔射）……」：Poulin, Richard, *La Mondialisation des industries du sexe*, Imago, p.113.

78　「膣、ペニスをくわえた口……」：Sorente, Isabelle, *Gang Bang, La pornographie, bagne sexuel industriel*, www.lattention.com, 2006.

79　「一物を急所に入れ続けて鍛えねばならない……」：Normand, Jean-Michel, « Manuel de management sexuel sur Arte », *Le Monde*,18 juillet 2007.

80　「このショーでは、〝ポルノ界のスター〟……」：« New Gangbang Record», www.juicyblog.com/2004/ 11/25/new_gangbang_record/; consulté le 22 juillet 2008.

81　「それは、二〇〇六年にドイツで開催されたサッカーの……」：« Acheter du sexe n'est pas un sport», pétition, 2006. Voir aussi Marcovich, Malka, « Tourisme sportif sexuel et marchandisation du corp des femmes », *in* Dal, Camille, et Davide, Ronan, *Football, sociologie de la haine*, L'Harmattan, 2006.

82　「二〇〇四年、アテネでは三〇軒の売春宿の新設が許可され……」：Poulin, Richard, *La Mondialisation des industries du sexe*, *op. cit.*, p.45.

反資本主義の市場

83 「仮想の町——人が生活し、話し、やりとりし、愛する……」: Weir, Peter, *The Truman Show*, 1998, avec Jim Carrey.

資本主義は社会の抹殺を望んでいる

84 「それは、社会的絆と規制を破壊するネオリベラリズム……」: Le Corre, Mireille, et Vallaud-Belkacem, Najat et *Forum de la rénovation, Les socialistes et l'individu, Refonder les solidarités, lutter contre les inégalités, émanciper les individus : vers un nouveau contrat social*, 20 janvier 2008, p.4.

85 「資本主義は支配階級がやっている合法的詐欺だ……」: cité dans *Alternatives économiques*, hors-série, *Le Capitalisme*, n°65, 2005, p.5.

86 「ブローデルが設定した分類は含蓄があるが……」: Braudel, Fernand, *La Dynamique du capitalisme,* collection « Champs », Flammarion, 1985.

87 「経済が社会的枠組みにおさまるのではなく、社会的枠組みが……」: Polanyi, Karl, *La Grande Transformation*, Gallimard, 1983, p.54, 75 et 88.

88 「それは、明らかに必要だからでもある。ここにおそらくは……」: Le Corre, Mireille, et Vallaud-Belkacem, Najat et *Forum de la rénovation, Les socialistes et l'individu, Refonder les solidarités, lutter contre les inégalités, émanciper les individus : vers un nouveau contrat social*, p.23, texte présenté par la commission le 20 janvier 2008,

89 「全体主義は独裁体制ではなく、人間が不必要とされる……」: Arendt, Hannah, *Les Origines du*

totalitarisme, citée par Vassort, Patrick, « Sade et l'esprit du néolibéralisme », *Le Monde diplomatique*, août 2007.

90 「端末とセンサーの世界。携帯電話なしでは……」: Deslandes, Mathieu, « Comment les hypermarchés vont vous faire dépenser plus », *Le Parisien*, 14 janvier 2008.

無言の交換

91 「言語は、道具と同様、人間だけの特徴である……」: Leroi-Gourhan, André, *Le Geste et la Parole, Technique et langage*, Albin Michel, 1964, p.162.

第三章　緑の経済成長の幻想

1．「大惨事の現実がこれほど痛切に伝わってくる場所は他にない……」: Reportage à Pripyat en 2006. Reportage en Biélorussie en 2003.

2 「一九九九年、フランスのルブレイエ発電所が洪水に……」: *Rapport sur l'inondation du site du Blayais survenue le 27 décembre 1999*, IRSN, 17 janvier 2000.

3 「炉心が融解しなかったのは幸運……」: cité par Ewing, Adam, « Nuclear plant "could have gone into meltdown" », *The Local, Sweden's News in English*, 1er août 2006.

4 「住民の避難とは、単なる勧告のレベルなのか、絶対的な滞在禁止令……」: Comité directeur pour la gestion de la phase post-accidentelle d'un accident nucléaire ou d'une situation d'urgence radiologique, *Synthèse générale,* document de travail, version du 21 novembre 2007. Sur le site:

www. asn.fr, consulté le 20 juin 2008.

5 「CODIRPAの委員が指摘するように」: cité par Morin, Hervé, « La France se prépare aux conséquences d'un accident de type Tchernobyl sur son sol », *Le Monde*, 21 février 2008.

「未来のエネルギー」、汚染された発想

6 「よろしい。われわれにこれといった解決策はありますか?」: entretien avec l'auteur le 24 avril 2008, à Londres, enregistré avec l'accord de M. Wicks.

7 「NATO本部への報告書で、二〇〇八年……」: Naumann, Klaus, *et al.*, *Towards a Grand Strategy for an Uncertain World*, Noaber Foundation, 2008.

8 「フリーランス・エキスパートのアントニー・フロガットと……」: Frogatt, Antony, et Schneider, Mycle, *L'État des lieux 2007 de l'industrie nucléaire dans le monde*, Les Verts-Alliance libre européenne au Parlement européen, janvier 2008.

9 「これは、一九九〇年から二〇〇五年の間に毎年設置された……」: Commissariat à l'énergie atomique, *Elecnuc. Les centrales nucléaires dans le monde*, 2006, p.14.

10 「数百万ドルもかかる核廃棄物管理費用を現状のままに据え置いた……」: Smith, Rebecca, « A high cost to go nuclear », *The Wall Street Journal*, 13 mai 2008.

11 原子力エネルギーの熱心な弁護者である国際エネルギー機関の計算……」: IEA, *Energy Technology Perspectives*, 2008, p.284.

うそぶく風

12 「浪費と過剰の領域に位置づけられた再生可能エネルギーに……」: Verlihac, Yves, « Ces éoliennes

qui poussent plus vite que le vent », *Libération*, 10 février 2004.

13 「ヘッジファンド会社、ＢＰキャピタルマネージメントの会長が……」: « T.Boone Pickens gets into the Texas Wind », www.treehugger.com, 20 mai 2008.

14 「あの、シューマッハーの一九七〇年代の環境保護主義者の……」: Schumacher, Ernst, *Small is beautiful*, Seuil, collection « Points », 1978.

15 「二〇〇四年から二〇〇五年の間のフランスの電力消費量の……」: 一年は三六五日×二四時間で八七六〇時間。風力発電機一基の発電稼動時間率は〇・三〇。よって、八七六〇時間×〇・三〇×二ＭＷ＝五二五六ＭＷ時＝五二五万六〇〇〇ＫＷ時＝五・二ＧＷ時＝〇・〇〇五二ＴＷ時。

風力発電機一基は一年に〇・〇〇五二ＴＷ時の電力を生産する。フランスの二〇〇四年の年間電力消費量は四六七ＴＷ時で、二〇〇三年の二・二パーセント増である。この電力消費量の一パーセントは四・七七ＴＷ時に当る。二〇〇四年の二・二パーセント増加分、つまり一〇・二九四ＴＷ時を補填するには、出力二ＭＷの風力発電機が一九六〇基必要になる。（一〇・二／〇・〇〇五二）

16 「新型原子炉をフラマンヴィル（マンシュ県）に設置し……」: Kempf, Hervé, « Énergie et climat : sortir de la frénésie », *Le Monde* du 5 juillet 2006. Commission de régulation de l'énergie, *Rapport d'activité*, juin 2007, p.84.

17 「事情は、ヨーロッパレベルでも同じだった……」: « Consommation finale d'électricité», Eurostat, http://epp.eurostat.ec.europa.eu/, consulté en juin 2008.

18 「年間電力消費が二パーセント上昇し、石炭火力発電所を……」: E3G, « New EU climate change

package fails to tame king coal », 22 janvier 2008.

19 「結局、風力発電の先端を行くドイツとスペインで……」: Kempf, Hervé, « Plus d'éoliennes, pas moins de CO_2 », *Le Monde*, 15 février 2008. Fédération environnement durable, *Éolien industriel: un échec en filigrane dans les statistiques européennes*, décembre 2007.

自動車のための森

20 「二〇〇七年発行の国連環境計画の研究では、泥炭のＣＯ$_2$排出量は……」: Parish, F. *et al., Assessment on Peatlands, Biodiversity and Climate Change : Main Report*, Global Environment Centre and Wetlands International, 2007.

21 「イギリスのＮＧＯ、オックスファムは……」: Oxfam International, *Another Inconvenient Truth*, juin 2008.

22 「セイヨウアブラナの栽培とパーム油は……」: « La fin de la nouriture à bas prix », propos recueillis par Philippe Bolopion, *Le Monde*, 3 mai 2008.

埋もれた夢

23 「スライプナー一基だけで、ＥＵの天然ガス輸入量の……」: reportage en avril 2008.

24 「二〇五〇年には、排出量が現在の五分の一になる……」: Stangeland, Aage, *A Model for the CO_2 Capture Potential*, The Bellona Foundation, 17 août 2006.

汚れた黄金の国

25 「オイルサンドからの石油抽出産業と……」: Schindler, David, et Donahue, W., « An impending water crisis in Canada's western prairie provinces », *PNAS*, 9 mai 2006.

資本主義についての三つの教訓

26 「今や、ヨーロッパやアメリカの経済界はどちらも……」: Le Boucher, Éric, « Or vert: l'environnement, un investissement rentable », *Le Monde*, 3 avril 2008.

27 「この新世紀、エネルギー需要は増え続ける……」: discours du 28 septembre 2007, « President Bush participates in major economies meeting on energy security and climate change », US Department of State.

28 「国際エネルギー機関は、マクロ経済学の仮説として……」: IEA, *Energy Technology Perspectives*, 2008, p.570.

29 「経済学者のジャン・ポール・フィトゥシは、私たちの孫の世代は……」: Fitoussi, Jean-Paul, « Retour sur l'avenir de nos petits-enfants », *Le Monde*, 12 février 2008.

経済的パラメータとしての人類のサバイバル

30 「それは、哲学者のハンス・ヨナスによって……」: Jonas, Hans, *Le Principe responsabilité*, Cerf, 1991(édition allemande en 1979).

31 「持続的発展」という言葉は、国連報告がこしらえた……」: Brundtland, Gro Harlem(dir.), *Notre avenir à tous*, 1987, ch. 2. En ligne sur: http://fr.wikisource.org.

32 「オリビエ・ゴダールによれば、この二つの率の差は……」: Godard, Olivier, « L'économie du changement climatique », *Futuribles*, octobre 2007, p.39.

33 「未来世代の役に立つものの最小限の……」: Stern, Nicholas, *et al.*, *Stern Review ; The Economics of Climate Change*, Her Majesty Treasury, 2006, Part I, p.45.

34 「人類がサバイバルできる確率は……」：同上 p.47.

35 「そして、経済学者は、『未来世代のことを少しも……」：同上 p.48.

36 「逆に、ノードハウスの立場は何に立脚しているか?」: Lomborg, Bjorn, *Cool it,* Knopf, 2007, p.32. *sq*. Voir aussi : Dyson, Freeman, « The question of global warming », *The New York Review of Books*, 12 juin 2008, commentant le livre de Nordhaus, William, *A Question of Balance*, Yale University Press, 2008.

社会は何十億も儲けることができる

37 「気候学者のほとんど大部分が、地球の平均温度が二℃高く……」: *Avoiding Dangerous Climate Change, Report of the International Scientific Steering Committee*, Hadley Centre, 2005.

38 「ＩＰＣＣは、この臨界点の突破を避けるために……」: *Contribution du Groupe de travail III au 4e Rapport d'évaluation du Groupe d'experts intergouvernemental sur l'évolution du climat*, IPCC, 2007, p.16.

39 「この分析は、二〇〇四年十二月二十日の欧州連合議会で……」: Conseil de l'Union européenne, 2632e réunion, Environnement, 20 décembre 2004 (référence : 15962/04(presse 357))

40 「フランスは、例えば、二〇〇五年の投票で通過した……」: loi n° 2005-781 du 13 juillet 2005 de programme fixant les orientations de la politique énergétique, article 2.

41 「核エネルギーが例外的に重要な位置を占めている……」：二〇〇七年の電力生産の七七%が原子力で、電力は最終エネルギー消費の二三%に相当する。以下を参照：ministère de l'Ecologie, Direction générale de l'énergie et des matières premières, Observatoire de l'énergie, *Bilan énergétique*

de la France pour 2007, p.9 et 22.

42 「この年に省エネに投資された一〇〇〇億フラン……」: ministère de l'Iindustrie, des P & T et du Tourisme. Direction générale de l'énergie et des matières premières, Service des énergies renouvelables et de l'utilisation rationnelle de l'énergie, *Les Économies d'énergie*, 1er septembre 1987.

43 「同様に、より最近であるが、国際エネルギー機関が……」: *World Energy Outlook 2006*, IEA, 2006, p.192.

フェティシズムの終焉

44 「なぜなら、再配分の政治を行なわずに省エネ志向の社会……」: Laponche, Bernard, *Prospective et Enjeux énergétiques mondiaux. Un nouveau paradigme énergétique*, conférence à Imagine, le future énergétique de nos cités, 23-24 novembre 2006.

45 「哲学者のアンドリュー・フィーンバーグの規定に従うと……」: Feenberg, Andrew, *(Re)penser la technique*, La Découverte, 2004, p.12.

閑話休題

ろうそく、石器、金貨がざくざく

1 「私の隣には、フランス企業運動（Ｍｅｄｅｆ）の元副代表ギヨーム・サルコジ……」: Le rendez-vous des citoyens du Sénat, «Environnement. L'humanité face à elle-même », 24 novembre 2007. Avec M.Sarkozy : table ronde «Vers un nouvel ordre écologique-marché, régulation et économie».

2 「汚染を生まない最高の方法は、石器時代に戻ることです」: Attali, Jacques, sur France Inter, répondant à Nicolas Demorand, le 16 octobre 2007.
3 「一九七三年、雑誌『ネフ』掲載の記事で、若きアタリは……」: Attali, Jacques, « Vers quelle théorie économique de la croissance ? », *La Nef*, n°52, 1973.
4 「アタリ氏はまた、『フランス経済成長解放委員会』……」: Attali, Jacques(dir.), *Rapport de la Commission pour la libération de la croissance*, La Documentation française, 2007, p.27.
5 「エドモンド・ロスチャイルド銀行が有閑階級の連中を……」: 28 novembre 2007 au pavillon Gabriel. Lancement des fonds Écosphère World et Écosphère Europe.

第四章　協同と独裁

1 「あるアメリカ人の心理学者によれば」: Putnam, Robert, *Bowling Alone : The Collapse and Revival of American Community*, Simon & Schuster, 2001. Cité par Levine, Bruce, «Retrouver le sens de la communauté », *L'Écologiste*, octobre 2007.
2 「一九〇〇年には、地球には一人当たり八ヘクタールの……」: précisément 7,91 en 1900, 2,02 en 2005(UNEP, *Global Environment Outlook, GEO 4*, 2007,p.367).

資本主義、腐った花

3 「エコロジーの危機は、アイデンティティの論理と向かい合った……」: Viveret, Patrick, « Sortons du mur !», *L'Age de faire*, janvier 2008.

4　「世界最大の花だ。ラフレシア属はインドネシアのスマトラ島原産……」: Newman, Arnold, *Les Forêts tropicales*, Larousse, 1990, p.65.

5　「それは、人的組織であると同時に、一つの企業でもありました……」: Poulin, Pierre, *Desjardins, 100 ans d'histoire*, éditions Multimondes et éditions Dorimène, 2000.

オルターナティヴはもうそこにある

6　「ケース・ポピュレールはこんにち、貯蓄市場の四四パーセント……」: « Caisses Desjardins », http.//fr.wikipedia.org, consulté le 21 juillet 2008.

7　「ヨーロッパでは、生協、共済組合、協同組合……」: Mayer, Sylvie, et Caldier, Jean-Pierre, *Le Guide de l'économie équitable*, Fondation Gabriel-Péri, 2007, p.104.

8　「相互扶助の精神は、利益競争の中で失われる……」: Michaux, Marc, « Le mutualisme se perd dans la course aux profits », *L'Expansion*, novembre 2007.

9　「それは、ノーザン・ロック銀行という名の、株式会社になるために……」: Pflimlin, Étienne, « Northern Rock : du sociétaire au contribuable », *Le Monde*, 7 février 2008.

10　「ル・ロラゲ県では、Ｓｃｏｐｅｌｅｃ社の社員七二〇人が協同して……」: Jolivet, Yoran, « Grandir sans trahir », Politis, 18 octobre 2007.

11　「モントーバンでは、これもＳｃｏｐのＥＬＡＵＬ社が電気製品の外枠を……」: Sanjurjo, Dante, « Scop en stock », *Politis*, 17 mai 2007.

12　「この形の定款が、現代的な観点の企業のあり方に完璧に適合します……」: Rafaël, Amélie, propos recueillis par Schmitt, Olivier, *Le Monde 2*, 17 mai 2008.

13 「Objecteurs de croissance= 成長の反対者……」: Dupont, Gaëlle, « Ils travaillent moins, ils gagnent moins, et ils sont heureux », *Le Monde,* 30 mai 2007. Voir, tous les mois, le journal *La Décroissance.*

14 「カルカソンヌでは、六十時間の公共労働を提供した青年には……」: « Brève d'espoir», Reporters d'espoir, *La Grande Époque,* 16 juin 2008.

15 「コボワチュラージュ（乗り物共有）は日常語の一つになった……」: Le Duc, Marc, « Les habitants financent leur parc éolien », *Ouest-France,* 12 février 2008.

16 「連帯貯蓄グループの Finansol は貯蓄高一〇〇〇億ユーロを突破……」: communiqué de presse, « L'épargne solidaire milliardaire ! », Finansol, 26 juin 2007.

17 「共同社会建設の意識性を持たせて、無数に存在する諸志向を……」: conversation avec l'auteur le 9 juillet 2007. Voir par ailleurs Caillé, Alain, *Dé-penser l'économique*, La Découverte-MAUSS, 2005.

資本主義からの脱出、市場主義経済の否定

18 「資本主義とその価値評価システムでは取り扱えない現象の中で……」: Lamy, Pascal, « Nous ne pouvons pas nous satisfaire du capitalisme », propos recueillis par Daniel Fortin et Mathieu Magnaudeix, *Challenges*, 6 décembre 2007.

19 「市場は驚くべき制度である。中央集権的に計画された……」: Brown, Lester, *Le Plan B,* Calman-Lévy, 2007, p.278.

20 「成長は『グローバリゼーションの無秩序、不正義……』」: Commission pour la libération de la croissance française, *300 Décisions pour changer la France*, XO Éditions et La Documentation française, 2008, p.11.

21 「情報科学とインターネットは、商品の世界の根底に浸透している……」: Gorz, André, *Ecologica*, Galilée, 2008, p.37 et 39.

金持に課税するのは当然である

22 「一九五〇年代では、非常に高い所得に対しては税率九一パーセント……」: Reich, Robert, « L'Europe va devenir supercapitaliste »,propos recueillis par Jean-Marc Vittori, *Les Échos*, 28 janvier 2008.

23 「あまりにも理不尽な高報酬であるだけでなく……」: cité dans « Bos calls for limits on top salaries », 4 septembre 2007, http://www.dutchnews.nl/news/archieves/2007/09/bos_calls_for_limits_on_top_sa.php.

24 「また、一九九五年に国連の一機関から提起された……」: Millet, Damien, et Toussaint, Éric, *50 Questions, 50 Réponses sur la dette, le FMI et la Banque mondiale*, 50 questions , CADTM-Syllepse, 2002, p.213.

25 「世界には、一〇〇〇万人の億万長者がいる。その全財産は……」: *World Wealth Report 2008*, Capgemini et Merrill Lynch, juillet 2008.

26 「世界の貧困と飢餓を減らすことをめざした『ミレニアム……』」: « Communication de Mme Colette Melot sur la contribution de l'Union européenne au développement », Sénat français, 22 juin

2005. http://www.senat.fr/ue/pac/E2867.html.

スローの勇気

27 「こんな質問をされる。『地球はどれくらいの人口を支えきれますか？』」: Brown, Lester, *Le Plan B, op. cit.*,p.219.

28 「かくして、ＩＰＣＣ議長のラジャンドラ・パチャウリが……」: Rajendra, Pachauri, propos recueillis par Christian Losson, *Libération*, 1er avril 2008.

29 「かくして、輸送手段の生産性の継続的な改良が、コストを下げ……」: UNEP, *Global Environment Outlook*, *GEO 4,* 2007, p.46.

30 「経済学者のブレーク・オルコットが示したように……」: Alcott, Blake, « The sufficiency strategy : would rich-world frugality lower environmental impact? », *Ecological Economics,* 2007.

31 「社会学者に言わせれば、都市の中央部から遠ざかるにしたがって……」: Préteceille, Edmond, « La ségrégation sociale a-t-elle augmenté ? », *Sociétés contemporaines*, n°62, 2006. Guilluy, Christophe, « Lutte de places », *Vacarme*, n°42, hiver 2008.

32 「これ以上生産する必要はない。逆に、若者、年輩者、……」: voir Méda, Dominique, et Muet, Pierre-Alain, « Travailler tous, et mieux », *Le Monde,* 18 juin 2008.

33 「私たちには、スピードが最も重要な要素になり……」: Badiou, Alain, propos recueillis par Moussaoui, Rosa, *L'Humanité,* 6 novembre 2007.

美しい庭、地球

34 「これは『ろうそくの生活に戻る』のではなく、終わりのない……」: Granstedt, Ingmar, *Peut-on*

sortir de la folle concurrence ?, La Ligne d'horizon, 2006.p.59.

35 「支配的図式に従えば、世界は西洋が十九世紀末の産業革命で……」: Rostow, Walter, *Les Cinq Étapes du développement économique*, Seuil, coll. « Points », 1970.

永続的平和に向かって

36 「逆に、同じ時期に水の共有協定が二百件近く調印されている……」: Wolf, Aaron, *A Long Term View of Water and Security : International Waters, National Issue, and Regional Tensions*, WBGU, 2007.

訳者あとがき

本書は、Hervé Kempf著『*Pour sauver la planète, sortez du capitalisme*』(Seuil, collection L'HISTOIRE IMMEDIATE)の全訳である。二〇〇九年にフランスで出版され、前著『金持が地球を破壊する』(二〇一〇年緑風出版刊)同様、各国語に翻訳され話題を呼んでいる。

「世界的な経済社会的危機と環境の危機は深い相関関係にある。経済成長の追求が環境破壊の要因であり、消費を削減することで解決を図るべきである」というのが前著の論旨の一つであったが、本書はそこからさらに大きく進んだ「二十一世紀世界の経済社会構造を根底から変えるべきだ」と提起する資本主義超克論である。真っ向から資本主義を否定するタイトルなので、いかにもラディカルな内容を想像してしまうが、その内容は暴力革命論でもユートピア論でもなく、著者が長年にわたるエコロジー問題の追究を経て到達した科学的で独創的な実践的提案である。

ジャーナリストならではの行動力と、適確な取材と検証で補強されたディスクールにはすみずみまで血が通っている。

早いもので、ソ連が崩壊してからもう二十年、社会党が「社民党」と看板を架け替えどんどん議席を減らし、中国が「経済大国」に変貌し、大多数の若者たちにとって歴史のアプリオリになってしまった資本主義世界——。しかし今、別の声が聞こえ始めている。ウイキリークス事件しかり、オリガルキー支配が揺らぎ始めた中東情勢しかり。反米色を強めている中南米諸国のリーダー格、ベネズエラのチャベス大統領が、二〇〇九年にコペンハーゲンで開催された第一五回気候変動枠組条約締約国会議で『金持が地球を破壊する』を推薦したとも聞く。

エルヴェ・ケンプがエコロジーを専門とするようになったきっかけは、雑誌『科学とマイクロ生活』の記者時代、一九八六年四月に起きたチェルノブイリ原発事故であった。一九八九年に環境問題の雑誌『リポルテール』(〝地球リポート〟の意)を創刊、九〇年代はテレビ局フランス2、週刊誌『クーリエ・アンテルナシオナル』、雑誌『テクノロジー』、『エコロジー』、『ラ・ルシェルシュ』と活躍の場を広げ、一九九八年に『ル・モンド』紙の環境問題欄を担当するようになった。

ケンプはこれまで誰も声高に指摘してこなかった「持続的発展」の欺瞞を具体的に暴く。エコロジーは私たちが騙されやすいやっかいなテーマだ。風力発電は農村の環境を破壊する。

原発は危険である上に、長期的経済負担を次世代におしつける。CO_2貯留は実は採算が合わない。オイルサンド開発は酸性雨を生み、究極的にCO_2排出につながる。バイオ燃料は森林を破壊する。どれも「緑の成長」の天使に化けた疫病神である。

エルヴェ・ケンプは二〇〇九年、自らを「成長反対者」と宣言した。本書では、「マルクス主義者なんてとんでもない、エコロジストと呼んでくれ」と書いている。著者はまた、新しい文化的規範が求められていると言う。それは、過去のすべてを土台にして樹立されるべきものでもある。文化だけは時空を超えて生き続けるものだ。

本書は、フランスのイゼール市自然環境館とグルノーブル・フナックから二〇〇九年環境図書賞を受賞している。

そしてエルヴェ・ケンプは本年二〇一一年、新著『L'oligarchie ça suffit, vive la démocratie（オリガルキーはもうたくさん、民主主義万歳）』を出版した。今度はどのような内容なのか、読むのが楽しみである。しかし、その前に翻訳を終えたばかりの本書を熟読しよう。前作もそうであったが、いつも何度読んでも何か発見があるのがケンプの著作の最大の魅力だからだ。そして、住む場所は遠く離れてはいるが、ともに新しい文化を追い求めていきたいと思う。

最後に、この意義ある著作の翻訳機会をいただいた緑風出版の高須次郎、高須ますみ両氏に感謝し、本書が多くの方々に読まれることを期待して、あとがきにかえたい。モスクから流れるコーランの祈りを聞きながら。

二〇一一年二月、モロッコ、ラバトにて

神尾賢二

[著者略歴]

エルヴェ・ケンプ（Hervé KEMPF）

フランス人ジャーナリスト、作家、環境問題評論家。1957年アミアン生まれ。パリ第一大学、パリ政治学院卒業。ラジオ・アリゲーターの記者からコンピューター雑誌『科学とマイクロ生活』編集部に移ったが、1986年のチェルノブイリ原発事故を契機にエコロジーへとテーマを絞った。その後『リポルテール』誌を創刊、90年代はテレビや雑誌に活躍の場を広げ、1998年に『ル・モンド』紙の環境問題欄を担当するようになった。2007年『金持が地球を破壊する』（2010年緑風出版刊）、2009年本書、2011年に『L'oligarchie ça suffit, vive la démocratie（オリガルキーはもうたくさん、民主主義万歳）』（いずれもスイユ社刊）を書いている。

[訳者略歴]

神尾　賢二（かみお　けんじ）

翻訳家、映像作家。1946年生まれ。翻訳書に『ウォーター・ウォーズ』（ヴァンダナ・シヴァ著、緑風出版）、『気候パニック』（イヴ・ルノワール著、緑風出版）、『石油の隠された貌』（エリック・ローラン著、緑風出版）、『灰の中から―サダム・フセインのイラク』（アンドリュー・コバーン、パトリック・コバーン著、緑風出版）、『大統領チャベス』（クリスティーナ・マルカーノ、アルベルト・バレーラ著、緑風出版）、『海に消えた星の王子さま』（ジャック・プラデル、リュック・ヴァンレル著、緑風出版）、『金持ちが地球を破壊する』（エルヴェ・ケンプ著、緑風出版）、著書に英語版鎌倉ガイド『An English Guide to Kamakura's Temples & Shrines』(緑風出版)がある。

資本主義《しほんしゅぎ》からの脱却《だっきゃく》

2011年4月1日　初版第1刷発行　　定価2200円+税

著　者　エルヴェ・ケンプ
訳　者　神尾賢二
発行者　高須次郎
発行所　緑風出版 ©

〒113-0033　東京都文京区本郷2-17-5　ツイン壱岐坂
［電話］03-3812-9420　［FAX］03-3812-7262
［E-mail］info@ryokufu.com
［郵便振替］00100-9-30776
［URL］http://www.ryokufu.com/

装　幀　斎藤あかね
制　作　R 企 画　　印　刷　シナノ・巣鴨美術印刷
製　本　シナノ　　用　紙　大宝紙業　　E1500

Printed in Japan　　ISBN978-4-8461-1103-8　C0036

◎緑風出版の本

■全国どの書店でもご購入いただけます。
■店頭にない場合は、なるべく書店を通じてご注文ください。
■表示価格には消費税が加算されます。

金持ちが地球を破壊する
エルヴェ・ケンプ著
北牧秀樹・神尾賢二訳

四六判上製
二一〇頁
2200円

世界の最富裕者五〇〇人の収入は、世界の最貧困者四億人の全収入を上回る。世界の大富豪の七九二人の所得は全開発途上国対外借款総額に相当する。本書は世界を寡頭支配する大金持ちが地球を破壊していることを明らかにする。

大統領チャベス
クリスティーナ・マルカーノ／アルベルト・バレーラ・ティスカ著　神尾賢二訳

四六判上製
五二〇頁
3000円

大統領の無期限再選制を成立させ、長期政権を目指すベネズエラ大統領ウーゴ・チャベス。彼は革命家なのか、ポピュリスト的独裁者なのか？　そして何を目指すのか？　関係者への膨大なインタビューと調査により実像を活写。

ラムズフェルド
イラク戦争の国防長官
アンドリュー・コバーン著／加地永都子監訳

四六判上製
三四四頁
2600円

ペンタゴンのトップとして二度にわたり君臨し、武力外交を展開したネオコンのリーダー、ラムズフェルド元米国防長官の実像を浮き彫りにし、大企業・財界の利益に左右される米国政治、ブッシュ政権の内幕を活写した力作。

戦争の家〔上・下〕
ペンタゴン
ジェームズ・キャロル著／大沼安史訳

上巻
3400円
下巻
3500円

ペンタゴン＝「戦争の家」。このアメリカの戦争マシーンが、第二次世界大戦、原爆投下、核の支配、冷戦を通じて、いかにして合衆国の主権と権力を簒奪し、軍事的な好戦性を獲得し、世界の悲劇の「爆心」になっていったのか？

灰の中から
サダム・フセインのイラク
アンドリュー・コバーン／パトリック・コバーン著／神尾賢二訳

四六判上製　四八四頁
３０００円

一九九〇年のクウェート侵攻、湾岸戦争以降の国連制裁下の一〇年間にわたるイラクの現代史。サダム・フセイン統治下のイラクで展開された戦乱と悲劇、アメリカのＣＩＡなどの国際的策謀を克明に描くインサイド・レポート。

イラク占領
戦争と抵抗
パトリック・コバーン著／大沼安史訳

四六判上製　三七六頁
２８００円

イラクに米軍が侵攻して四年が経つ。しかし、イラクの現状は真に内戦状態にあり、人々は常に命の危険にさらされている。本書は、開戦前からイラクを見続けてきた国際的に著名なジャーナリストの現地レポートの集大成。

石油の隠された貌
エリック・ローラン著／神尾賢二訳

四六判上製　四五二頁
３０００円

石油はこれまで絶えず世界の主要な紛争と戦争の原因であり、今後も多くの秘密と謎に包まれ続けるに違いない。本書は、世界の要人と石油の黒幕たちへの直接取材から、石油が動かす現代世界の戦慄すべき姿を明らかにする。

9・11事件は謀略か
「21世紀の真珠湾攻撃」とブッシュ政権
デヴィッド・レイ・グリフィン著／きくちゆみ・戸田清訳

四六判上製　四三八頁
２８００円

9・11事件をめぐるブッシュ政権の公式説明はあまりに矛盾に満ちている。航空機の飛行の謎など、さまざまな疑惑を検討し、ブッシュ政権の共犯性を示す証拠24項目を列挙し、真相解明のための徹底調査を求める全米話題の書！

フランサフリック
アフリカを食いものにするフランス
フランソワ＝グザヴィエ・ヴェルシャヴ著／大野英士、高橋武智訳

四六判上製　五四四頁
３２００円

数十万にのぼるルワンダ虐殺の影にフランスが……。植民地アフリカの「独立」以来、フランス歴代大統領が絡む巨大なアフリカ利権とスキャンダル。新植民地主義の事態を明らかにし、欧米を騒然とさせた問題の書、遂に邦訳。

反核シスター
ロザリー・バーテルの軌跡
メアリー＝ルイーズ・エンゲルス著
中川慶子訳

四六判上製
二二〇頁
1800円

修道女、ガン研究学者、反核平和運動家として、世界的に知られるロザリー・バーテルの半生。専門家の立場から、核の危険性を説いて回り、真摯に核の脅威に立ち向かう姿は、少数民族や第三世界の人々をも揺り動かしてきた。

気候パニック
イヴ・ルノワール著／神尾賢二訳

四六判上製
四二〇頁
3000円

最近の「異常気象」の原因とされる温室効果と地球温暖化の関係を詳細に分析。数々の問題点を科学的に検証。「極地移動性高気圧」などの要因から、異常気象を解説。フランスで出版時から賛否の議論を巻き起こした話題の書！

ウォーター・ウォーズ
水の私有化、汚染そして利益をめぐって
ヴァンダナ・シヴァ著／神尾賢二訳

四六判上製
二四八頁
2200円

水の私有化や水道の民営化に象徴される水戦争は、人々から水という共有財産を奪い、農業の破壊や貧困の拡大を招き、地域・民族紛争と戦争を誘発し、地球環境を破壊する。本書は世界の水戦争を分析し、解決の方向を提起する。

グローバルな正義を求めて
ユルゲン・トリッティン著／今本秀爾監訳、エコロ・ジャパン翻訳チーム訳

四六判上製
二六八頁
2300円

工業国は自ら資源節約型の経済をスタートさせるべきだ。前ドイツ環境大臣（独緑の党）が書き下ろしたエコロジーで公正な地球環境のためのヴィジョンと政策提言。グローバリゼーションを超える、もうひとつの世界は可能だ！

ポストグローバル社会の可能性
ジョン・カバナ、ジェリー・マンダー編著／翻訳グループ「虹」訳

四六判上製
五六〇頁
3400円

経済のグローバル化がもたらす影響を、文化、社会、政治、環境というあらゆる面から分析し批判することを目的に創設された国際グローバル化フォーラム（ＩＦＧ）による、反グローバル化論の集大成である。考えるための必読書！